平凡社新書
1017

NATO
冷戦からウクライナ戦争まで

村上直久
MURAKAMI NAOHISA

HEIBONSHA

プロローグ

北大西洋条約機構（NATO）について筆者は長い間、こわもての軍事組織という印象を抱いていた。通信社の特派員としてブリュッセルに赴任し、郊外のNATO本部を初めて訪れた時、広大な敷地の入り口で警戒するNATO軍兵士は小銃を携行し、周囲を警戒していた。入るにはX線の手荷物検査を受ける必要があった。世界の至る所でテロへの警戒態勢が敷かれるようになるずっと前の一九八九年六月のことだ。

そのNATOは「一発の銃弾も発射せずに冷戦を終わらせ、ワルシャワ条約機構を崩壊に導いた」とその存在を誇示していたが、会議ばかり重ねて実際の戦闘行動はしない「ノー・アクション・トーク・オンリー（No Action Talk Only）」の組織だと陰口を叩く向きもあった。

しかし、一九九二年から旧ユーゴスラビア紛争に関与するようになって、最初はアドリア海での実力行使を伴うボスニア・ヘルツェゴビナを対象とする禁輸作戦を行い、二年後の一九九四年から一〇回にわたってボスニアのセルビア人勢力に対して激しい空爆を実施した。

その後、一九九九年には旧ユーゴのコソボ紛争で再びセルビア人勢力に対して空爆を行った。二一世紀になると、アフガニスタン戦争、イラク戦争の後の治安維持や復興支援でNATO軍が活躍した。

NATOは域内での軍事力行使からその役割を大きく拡大し、域外での紛争後の治安維持や復興支援、対テロ警戒などの国際的な危機管理任務も担うようになった。

最も成功した軍事同盟

NATOは一九四九年の発足以来、域内で平和が維持され、少なくとも二〇世紀末から二一世紀にかけて世界で最も成功した軍事同盟であると言われている。NATOの加盟国は当初の一二カ国から現在では三〇カ国に増えているが、それに伴いNATOがカバーする領域、人口が大幅に増えた。その間、9・11の同時多発テロでテロリスト・グループ、アルカイダの攻撃を受け、多数の犠牲者が出たことがあるものの、国家による武力攻撃を受けたことはなく、曲がりなりにも平和が保たれてきたのは驚くべきことだ。

これに伴いNATOはその活動範囲が大幅に拡大するとともに、地域軍事同盟から国連と連携して世界各地の紛争にも対応する軍事同盟にその性格を変えてきた。

話は戻るが、資本主義・自由主義国の軍事同盟であるNATOの発足に対抗して、ソ連(ソビエト連邦)は一九五五年に共産主義陣営の七カ国とともに、東側の軍事同盟ワルシャワ条約機構を設立した。しかし同条約機構はソ連がNATOに対抗する軍事同盟として半ば強制的に発足させた色合いが濃く、求心力を欠いていた。名前は条約が調印されたワルシャワを冠しているが、事務局はモスクワに置かれ、ソ連の意向を東欧諸国に事実上押し付ける手段として利用された。ワルシャワ条約機構は一九五六年にハンガリー、一九六八年にチェコスロバキアで起きた民主化運動にソ連軍を派遣して介入、運動を弾圧した。同機構はソ連が崩壊する約半年前の一九九一年七月に消滅した。

NATOは欧州の国であれば加盟資格がある。民主主義の諸原則や国民の自由などの価値を共有する。これに対してソ連とその承継国家ロシアはこれらの価値観を理解しようとはせず、国際政治を勢力圏の枠組みでとらえようとする傾向があるようだ。

冷戦終結後、東欧諸国はソ連の勢力圏から抜け出て「欧州への回帰」に走った。その手段として欧州連合(EU)とNATOへの加盟を重視した。これに対してロシアは旧東側諸国のNATO加盟への動きを警戒した。

蜜月も

一方、現時点ではにわかには信じがたいが、ロシアはNATOと二〇〇〇年代にはおおむね友好的な関係を維持した時期もあった。米国が主導するNATOのミッションにロシアが参加したり、ロシアがNATOの「パートナー国」となったり、NATOロシア理事会が存在した時期もあったのである。

こうした友好ムードが吹き飛んだのは二〇〇〇年代後半にNATO周辺国で起きた、民主化のための「カラー革命」だった。ロシアのプーチン大統領はウクライナの「オレンジ革命」やグルジア（現在はジョージア）の「バラ革命」は米国が背後で策動し、ロシアのプーチン政権もターゲットになる可能性があるとして警戒するようになった。プーチンは、NATOは米国の策動の手段であるとみなすようになったという。そして二〇二二年二月二四日に始まったロシアのウクライナへの軍事侵攻は、ロシアが「兄弟国」ともみなすウクライナがNATO加盟への希望を表明したことがきっかけの一つだったとされる。

ただその後、ウクライナのゼレンスキー大統領は加盟はまだ「現実的ではない」との見方を表明、NATO加盟国ドイツのショルツ首相も「遠い先の話だ」との見方を示している。

ロシアに見抜かれた弱さ

今回のロシアのウクライナ侵攻は、二〇〇八年のグルジア侵攻のやり方と共通点がある。反政府勢力を支援して、分離独立地域を作るやり方が特にそうだ。グルジア侵攻の際の米国や、米国が盟主のNATOの「主権の侵犯」に対する反応は鈍く、ロシアのウクライナ侵攻はこれに味をしめたきらいがある。

二〇一一年にチュニジアやエジプトなどで始まった「アラブの春」を契機としたシリアの内戦に、ロシアは途中から介入した。シリアのアサド政権が化学兵器を使用した疑いが浮上して米オバマ政権は武力制裁をためらい、結局、ロシアに事態の収拾を頼むという展開となった。アサド政権はその後、ロシアが黙認する中で再び化学兵器を使用、犠牲者が出た。

二〇一四年二月にはウクライナで親ロシア政権がクーデターによって倒され、その翌月、ロシアは南部クリミア半島を一方的に占領、自国領土に加えた。その二カ月後にウクライナ東部のドンバス地方で親ロシア派勢力とウクライナ政府軍の間で戦闘が始まり、前者へのロシアによる「非公然の」兵力や武器の提供もあり、戦いは泥沼化した。欧米はロシアに対して経済制裁を加えたが微温《びおん》的なもので、ロシアは西側の「弱腰」を再認識したようだった。

二〇一七年から四年間の米トランプ政権時代に、トランプ大統領はNATOを軽視する発言を繰り返し、フランスのマクロン大統領は、NATOは「脳死状態」に陥っているとさえ発言した。また、トランプ大統領は自らの「ウクライナ疑惑」に関連した有利な証拠の提供をウクライナのゼレンスキー政権が提供を渋ったことに明らかに立腹して、同国への支援を一時、躊躇《ちゅうちょ》したとされる。

そして極め付きは二〇二一年八月のアフガニスタンからの米軍および欧州NATO諸国の軍隊の撤退だった。

ロシアのプーチン大統領は、米国など西側諸国の弱腰ともとれる態度、それが引き起こす混乱をじっと見ていたに違いない。そうした中で今回のウクライナ軍事侵攻に踏み切ったとみられる。

NATOは最大の試練に

ロシアのウクライナ侵略は、ポスト冷戦時代の世界秩序を事実上崩壊させつつある。中でも欧州の安全保障体制は大変革期を迎えている。ナチス・ドイツ時代への反省からこれまでドイツにとってタブーだった、大幅な軍備増強や外国への殺傷能力のある武器提供は瞬く間に決まった。NATOに加盟せず、軍事的に中立を保ってきたスウェーデンとフィンランドでは、世論調査でNATO加盟への賛成が過半を超えた。また、ロシアに近い、または接する旧ソ連・東欧諸国では、ポーランドとバルト三国に加えてハンガリー、スロバキア、ルーマニア、ブルガリアにもNATO軍が常駐するようになった。

ウクライナで停戦が成立した場合、欧州では新たな安全保障の枠組み作りが模索されることになるのは確実だが、現時点では見通しがつかない。「新冷戦」の時代が到来しそうだが、①ウクライナは南北朝鮮のような分断国家となるのか、②世界は欧米と中ロの対立を軸とした二極構造になるのか、③脱グローバル化の時代が始まるのか、④核戦争、第三次世界大戦の脅威は？　など、少なくとも本稿執筆時点では不確定要素に満ちている。

いずれにしても、ウクライナ危機でNATOは創設以来、最大の試練に直面している。

本書の構成

本書は世界最強とされる西側の軍事同盟NATOを一九四九年の誕生から冷戦時代、冷戦の終焉、域外民族紛争をめぐる平和維持活動・復興支援、東方拡大を経て、EUとの関係にも目配りしながら、ウクライナ危機に至る経緯やNATOの本質についての概説を試みたものである。現在の危機的状況につながるNATOサイドの歴史的背景について読者諸氏の理解の一助となることを筆者は願っている。

本書に登場する主な略語一覧

CFSP　Common Foreign and Security Policy　共通外交安全保障政策
CSCE　Conference on Security and Cooperation in Europe　全欧安全保障協力会議
EC　European Community　欧州共同体
ECSC　European Coal and Steel Community　欧州石炭鉄鋼共同体
EDC　European Defense Community　欧州防衛共同体
EEA　European Economic Area　欧州経済領域
EFTA　European Free Trade Association　欧州自由貿易連合
EPC　European Political Cooperation　欧州政治協力
ESDP　European Security and Defense Policy　欧州安全保障防衛政策
EU　European Union　欧州連合
IS　Islamic State　イスラム国
ISAF　International Security Assistance Force　国際治安支援部隊
NACC　NATO Cooperation Council　NATO協力理事会
NATO　North Atlanitic Treaty Organization　北大西洋条約機構
OSCE　Organization for Security and Cooperation in Europe　欧州安保協力機構
PfP　Partnership for Peace　平和のためのパートナーシップ
UNHCR　United Nations High Commissioner for Refugees　国連難民高等弁務官事務所
WEU　Western European Union　西欧同盟

NATO 冷戦からウクライナ戦争まで●目次

作図=丸山図芸社

加盟国

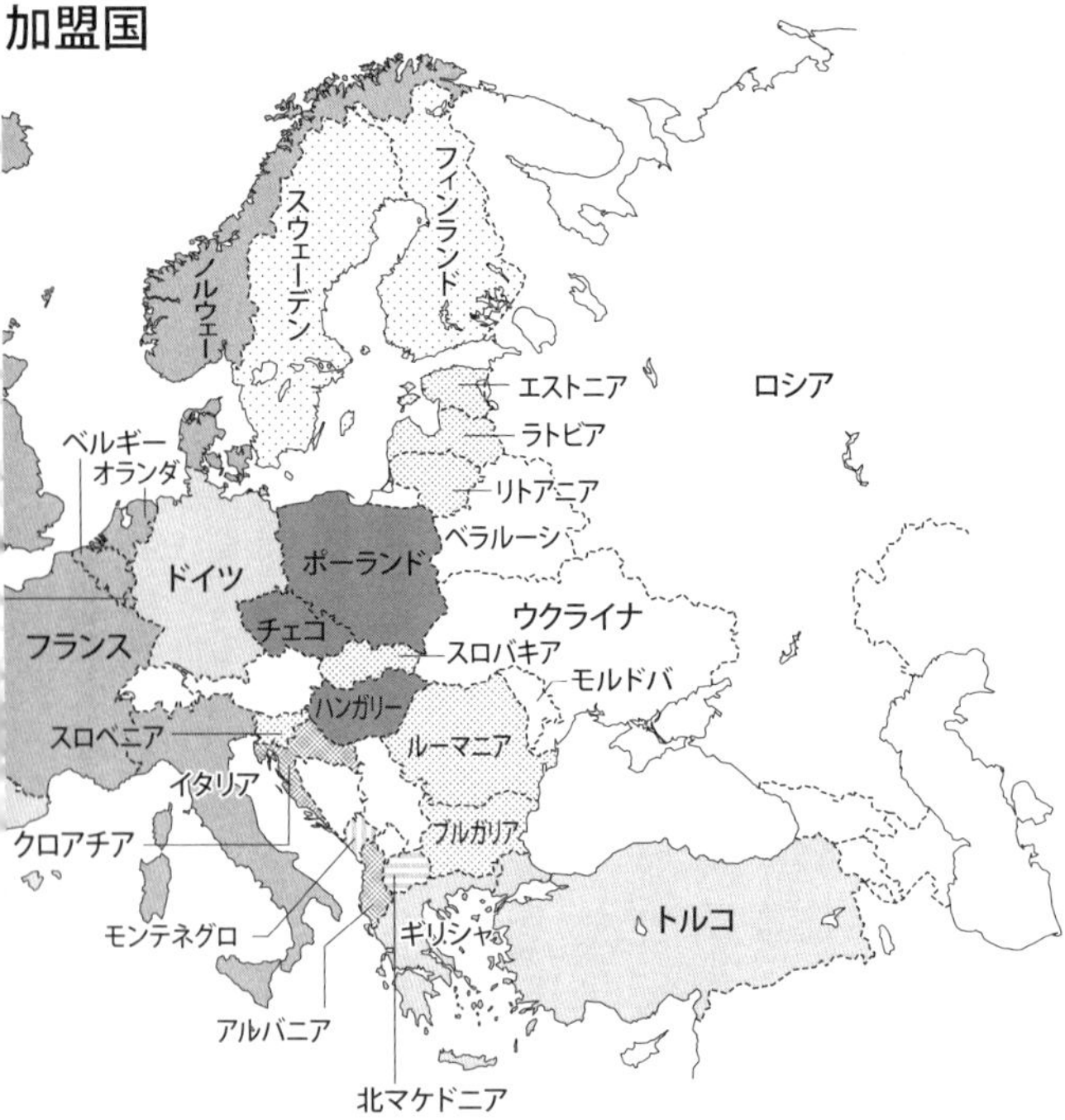

：ベルギー，カナダ，デンマーク，フランス，アイスランド，イタリア，ルクセンブルク，オランダ，ノルウェー，ポルトガル，英国，米国

：トルコ，ギリシャ，ドイツ，スペイン

：ポーランド，チェコ，ハンガリー

：エストニア，ラトビア，リトアニア，スロバキア，スロベニア，ブルガリア，ルーマニア

：アルバニア，クロアチア

：モンテネグロ

：北マケドニア

：フィンランド，スウェーデン

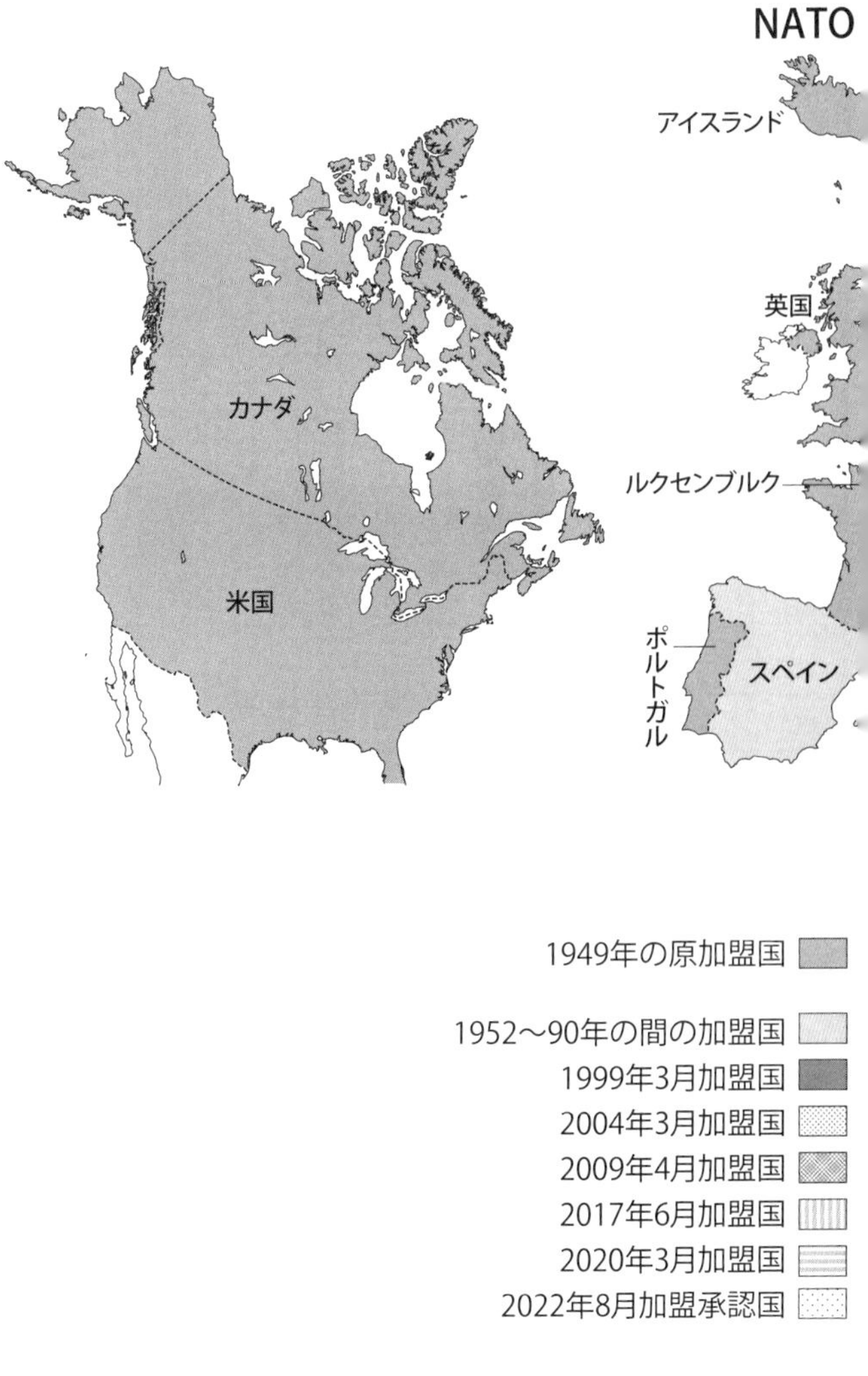
NATO
アイスランド
英国
カナダ
ルクセンブルク
米国
ポルトガル
スペイン
1949年の原加盟国
1952〜90年の間の加盟国
1999年3月加盟国
2004年3月加盟国
2009年4月加盟国
2017年6月加盟国
2020年3月加盟国
2022年8月加盟承認国

機構図

【軍事委員会】
北大西洋理事会を軍事面で補佐する機関
レベルに応じて，参謀総長，常駐軍事代表レベルで開催

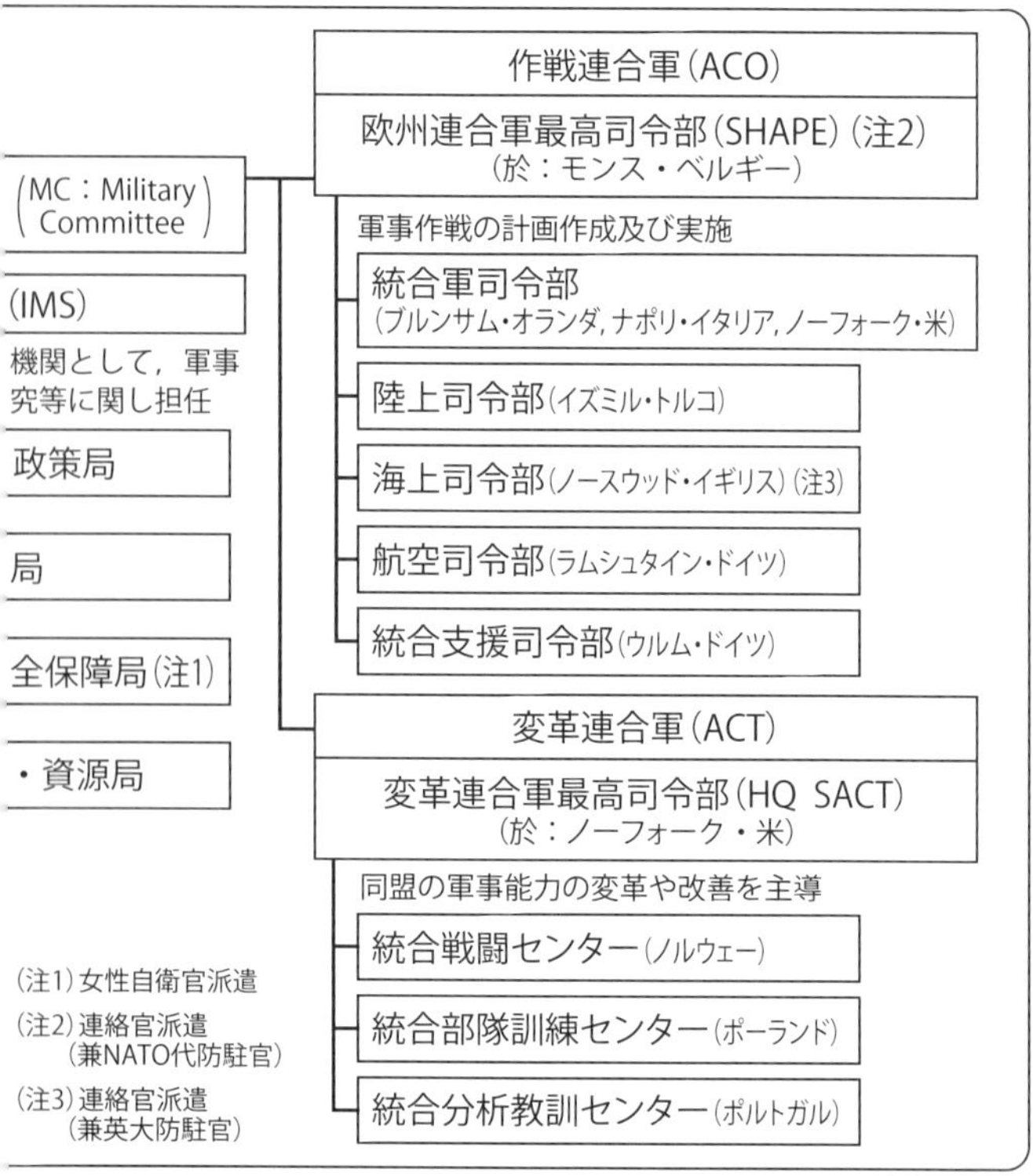

NATO

【北大西洋理事会】
同盟のあらゆる側面に関する問題を協議
加盟30か国の代表により構成されるNATOの意思決定機関（議長：NATO事務総長）
レベルに応じて，首脳，外相，国防相，常駐代表レベルで開催

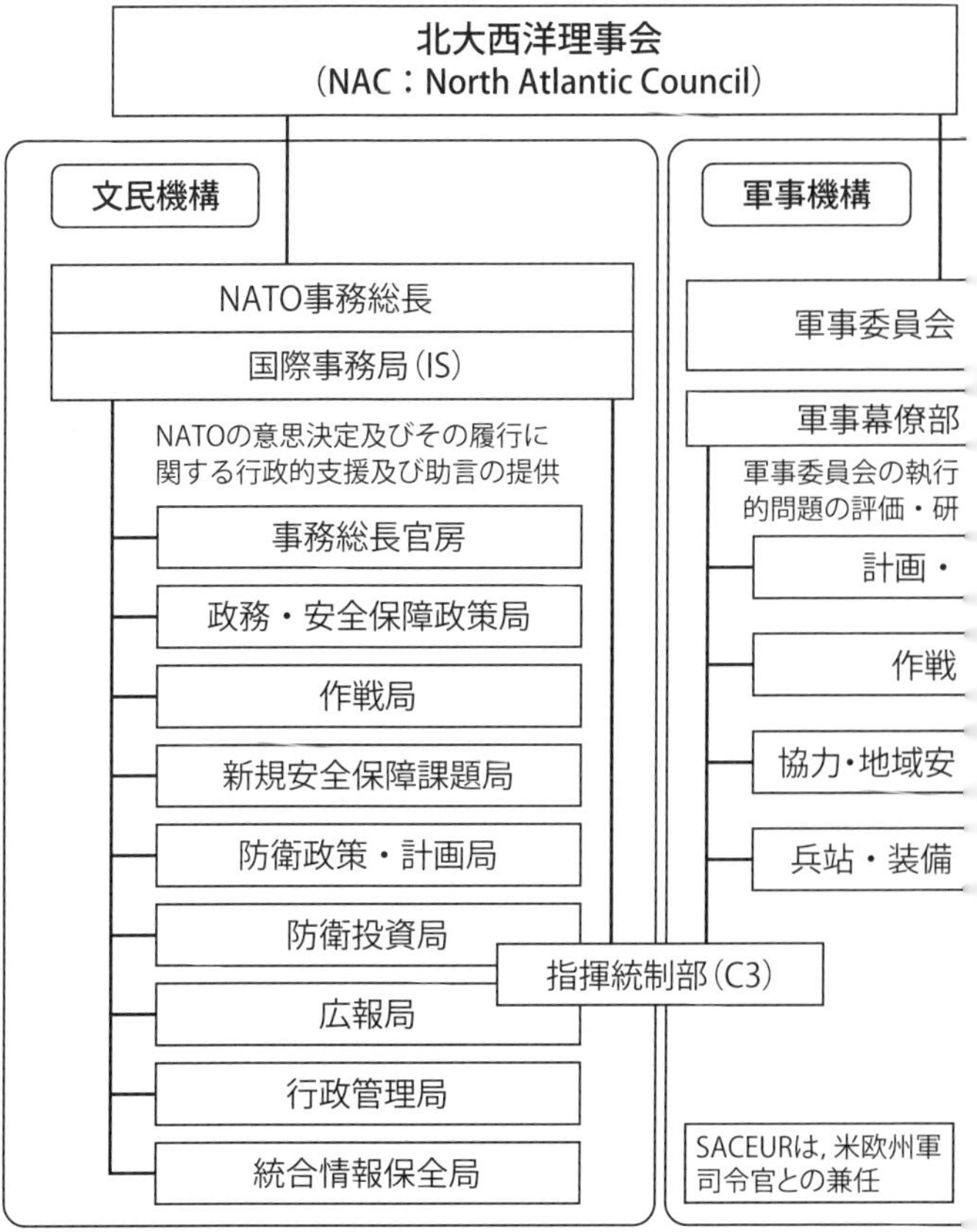

第一章　NATOの誕生、冷戦とその終結

NATOの誕生

北大西洋条約機構（NATO：North Atlantic Treaty Organization）は第二次世界大戦終了四年後の一九四九年四月に、ソ連の軍事的脅威から西側諸国を守るための集団防衛組織として発足した。

西欧諸国は米国の継続的な関与の必要性を痛感。そうした中で米国、カナダ、欧州は一九四九年四月四日、ワシントンでNATO条約（北大西洋条約）に調印した。原加盟国は米国、英国、カナダ、フランス、ベルギー、オランダ、ルクセンブルク、デンマーク、ノルウェー、イタリア、ポルトガル、アイスランドの一二カ国。欧州に入っていないが欧州に通じる地理的要衝を占めるトルコは、一九五二年にギリシャとともに加盟を認められた。

その後、一九五五年にドイツ（西ドイツ）、一九八二年にスペイン、一九九九年に東欧のポーランド、ハンガリー、チェコ、二〇〇四年にスロバキア、スロベニア、ブルガリア、ルーマニア、エストニア、リトアニア、ラトビアの七カ国、二〇〇九年にアルバニア、クロアチア、二〇一七年にモンテネグロ、二〇二〇年に北マケドニアが加わった。ロシア（旧ソ連）は、一九九九年以降、NATOが勢力圏を拡大し、ロシアのそれを侵食し始めたと警戒するようになった。

現在、ウクライナ、ジョージア、ボスニア・ヘルツェゴビナが加盟希望国として認められている。ロシアは特に、ウクライナのNATO加盟希望に神経をとがらせており、二〇二二年二月二四日に始まったロシアのウクライナ軍事侵攻の口実の一つとされている。

NATO本部は当初、パリに置かれたが、一九六七年にベルギー・ブリュッセルの郊外に移転した。NATO連合軍最高司令部もベルギーのモンス郊外にある。

NATOの本質は、NATO条約第五条に基づく集団防衛義務であり、加盟国が域外国に攻撃された場合、他の加盟国は団結して被攻撃国の防衛に当たるという集団的自衛権の発動をうたっている点にある。NATO条約第五条は次のように規定している。

締約国はヨーロッパまたは北アメリカにおける一又は二以上の締約国に対する攻撃を全締約国に対する武力攻撃とみなすことに同意する。したがって、締約国はそのような武力攻撃が行われたときは、各締約国が、国際連合憲章第五一条の規定によって認められている個別的又は集団的自衛権を行使して、北大西洋地域の安全を回復し及び維持するためにその必要と認める行動（兵力の使用を含む）を個別的に及び他の締約国と共同して直ちにとることにより、その攻撃を受けた締約国を援助することに同意する。

このうえで第五条は、武力攻撃及びその結果としてとったすべての措置について直ちに国連安全保障理事会に報告するよう義務付けている。

NATOは日本ではガチガチの超保守主義的な軍事同盟だとみなされがちだが、NATO条約の前文には、

この条約の締約国は国際連合憲章の目的及び原則に対する信念並びに全ての国民及び政府とともに平和のうちに生きようとする願望を再確認する。

締約国は民主主義の諸原則、個人の自由及び法の支配の上に築かれたその国民の自由、共同の遺産および文明を擁護する決意を有する。

締約国は北大西洋地域における安定及び福祉の助長に努力する。

締約国は、集団的防衛並びに平和と安全維持のためにその努力を結集する決意を有する。

よって、締約国は、この北大西洋条約を協定する。


などとリベラルなトーンの目的も列挙されている。

ただ、NATOが米国主導の組織であることは疑うべくもない。第二次世界大戦で西欧をナチス・ドイツによる侵略から解放し、ソ連軍の侵攻も押しとどめた米国の功績もさることながら、米国はその核抑止力や強大な通常兵力で西欧をソ連の脅威から守っているという認識が欧州では共有されている。西欧諸国は第二次世界大戦後、主要植民地が次々と独立したことで弱体化したことも背景にあった。

米国は東側との直接的な軍事衝突に備え、核兵器搭載可能な中距離弾道ミサイルを西欧諸国に配備した。

NATO結成当初は、初代事務総長のヘイスティングス・イズメイが喝破《かつぱ》したように「米国を引き込み、ロシアを締め出し、ドイツを抑え込む」というのが本音の目標だった。

ドイツは連合軍の占領下で武装解除され、米国の一部ではドイツの徹底した脱工業化や非ナチ化が構想された。ドイツは小規模な国境警備隊や機雷掃海艇部隊以外の国軍を有することは認められなかった。しかし、東西冷戦下で西ドイツの経済復興が求められるようになり、同国の再軍備とNATO加盟が検討されるようになった。その後、曲折があったもののドイツは再軍備を認められ、一九五五年にドイツ連邦軍が誕生し、NATO加盟も実現した。

ブリュッセル郊外のNATO本部で、米国の駐NATO大使の存在は際立っており、同大使の記者会見での発言は、米政府の意向を反映していると受け止められ、場合によってはＮＡＴＯ事務総長の発言と同等、もしくは同等以上の重みがあるとされている。ちなみに、ＮＡＴＯ事務総長は西欧の加盟国の首相あるいは重要閣僚経験者の間から選ばれる。選考プロセスで事務総長候補者はワシントンに呼び出され、過去のＮＡＴＯに関する発言などを材料に米政府関係者から厳しいインタビューを受けることになっているという。このインタビューで「落第点」を取ると事務総長にはなれないとのことだ。一九九四年、当時のウェルナー事務総長の逝去に伴う後任選びでオランダのルベルス前首相の名前が挙がったが、米政府がゴーサインを出さなかったという。

ＮＡＴＯの組織において最高意思決定機関は文民代表による北大西洋理事会であり、事務総長がその議長を務める。そして国際事務局が事務総長を支える。軍事的には加盟国の軍事代表から成る軍事委員会があり、その事務局である幕僚部が軍事委員会をバックアップする。このほかに統合軍事機構が制度化されている。ブリュッセルのＮＡＴＯ本部では文民は背広、軍人は軍服を着ているのですぐ分かる。

ＮＡＴＯ加盟国の国防支出の合計は世界全体の国防費の七〇％を超えるとされている。トランプ前米大統領の要請もあり、ＮＡＴＯ加盟国は二〇二四年までに国防費をそれぞれ国内総生産（ＧＤＰ）の二％以上とするよう求められている。

ワルシャワ条約機構の誕生

米国を中心とする西側諸国の軍事同盟として発足したNATOに対抗するために、ソ連が中心となって東欧七カ国の政治的・軍事的統一を保障する目的で、一九五五年にワルシャワ条約機構が発足した。直接のきっかけは西ドイツの再軍備、NATO加盟だった。ソ連はそれまで第二次世界大戦後に東欧に相次いで誕生した社会主義国と二国間ベースで友好・協力・相互援助条約を結んでいたが、西ドイツの再軍備で二国間条約群では不十分だと判断、ワルシャワ条約機構の誕生につながった。

原加盟の七カ国はアルバニア、ブルガリア、チェコスロバキア、東ドイツ、ハンガリー、ポーランド、ルーマニア。中国はオブザーバーとして参加。アルバニアはその後、一九六八年の「プラハの春」(後述)を契機に脱退した。

ワルシャワの都市名が冠せられたのは、機構のための調印式がワルシャワで行われたためだが、機構は実質的にはソ連がコントロールしていた。

条約は前文と一一カ条からなり、第三条と第四条が中核条項だ。第三条は重要な国際問題や防衛についての協議を定め、第四条は集団的自衛権について規定している。

組織としては最高意思決定機関として政治諮問委員会が設置された。メンバーは加盟国の書記長、首相、外相で構成する。同委員会は政治的協議の場でしかなく、重要な決定はモスクワで下されることになっていた。

ワルシャワ条約機構は一九六八年、「プラハの春」と呼ばれるチェコスロバキアの民主化運動に介入し、ワルシャワ条約機構五カ国軍（ソ連、東ドイツ、ポーランド、ハンガリー、ブルガリア）はプラハを軍事制圧し、民主化運動を弾圧した。

ワルシャワ条約機構は西ドイツ、NATO、西欧同盟を仮想敵と明示していた。機構は西側のNATOに対抗する政治・軍事同盟として、ソ連の対外政策を集団的に推進するものだった。時に同機構は、東欧諸国のソ連からの離反や社会主義体制からの逸脱を阻止するという対内的な役割も果たしていた。

一九五六年には同機構を脱退して中立国化を試みるハンガリーをソ連は武力で弾圧（ハンガリー事件）、一九六八年には「人間の顔をした社会主義」を実現しようとしたチェコスロバキアに対して、「社会主義共同体全体の利益は個々の国家主権に優位する」という「制限主権論（いわゆるブレジネフ・ドクトリン）」の下に東ドイツ、ポーランド、ハンガリー、ブルガリアの各国軍とともに侵入し、チェコの改革を抑圧した。さらに一九八〇年にはポーランドで起こった自主管理労組「連帯」の運動に対し、ソ連は間接的な威嚇によって挫折に追い込んだ（いずれも後述）。

同条約機構とNATOとの相互不信は一九八〇年代に入っても続いた。一九八四年三月には、ワルシャワ条約機構はNATOに対し、軍事費の凍結、軍備の削減、武力不行使条約締結のための交渉開始を提案したが、NATO側はこれらが欧州におけるソ連の優位性に導き、NATOの解体につながりかねないと警戒。実現には至らなかった。

その後、東西冷戦の終結に伴い、ワルシャワ条約機構は一九九一年に解体された。

それではまず冷戦の推移を駆け足でたどってみよう。

冷戦の始まり

第二次世界大戦後、米ソの対立が決定的となったのは、ソ連とその衛星国である東ドイツが西ベルリンを封鎖したことから生じたベルリン危機（一九四八年六月〜一九四九年五月）である。米国は西ベルリンへの必死の大空輸作戦で西ベルリン市民を窮状から救った。第三次世界大戦の勃発が危惧されたが、何とか戦争は回避された。

しかしこれを契機に米ソ両国はそれぞれの陣営固めを始めた。米国はNATOと対共産圏輸出統制委員会（COCOM　ココム）を設立し、ソ連とその衛星国を封じ込めようとした。これに対してソ連はワルシャワ条約機構と東欧経済相互援助会議（COMECON　コメコン）を設立した。

四〇年以上続いた冷戦は、米ソがともに水素爆弾という途方もない破壊力の核兵器を持って対峙《たいじ》するに至った一九五〇年代初めから、大まかに言って三つの時期に分けられる。

冷戦第一期――「核手詰まり」(一九五〇年代前半から十数年)

この時代には核兵器が「使えない兵器」であるという認識が米ソ双方に生まれるという「核手詰まり」という現象が両超大国間に生じる一方で、米国がフランスなど旧帝国主義諸国の支配をアジア地域で肩代わりしていくという現象が見られた。そして米国はアジア諸国と次々と安全保障条約か相互防衛条約を結んでいった。これは朝鮮戦争(一九五〇年六月~一九五三年七月)を受けて、共産主義の支配がアジア各国で広まるのを防ぐ狙いがあった。例えば米比(フィリピン)相互防衛条約(一九五一年八月)、米・オーストラリア・ニュージーランド間の太平洋安全保障条約(ANZUS、一九五一年九月)、日米安全保障条約(一九五一年九月)、米韓相互防衛条約(一九五四年一一月)、米華(台湾)相互防衛条約(一九五四年一二月)などがある。米国は中国、北朝鮮そして両国の背後にいると考えていたソ連をアジアでも封じ込めようとしていた。一九五〇年代は米国ではアイゼンハワー政権(一九五三年一月~一九六一年一月)で、ソ連に対してはダレス国務長官が大量報復戦略(ニュールック戦略)や、緊張を高めて譲歩を引き出す「瀬戸際政策」を打ち出した。

この時期には厳しい対決ムードが見られた一方、世界各地での反核平和運動の高まりもあって、対話を模索する動きもあった。ジュネーブ四巨頭会談（一九五五年七月）や米ソ首脳会談（一九五九年九月）などだ。

ハンガリー事件

一九五六年、ハンガリーで共産党政権に対する大規模な民衆蜂起が起こった。ソ連のワルシャワ条約機構を通じた東欧支配のほころびであり、それが如実に表面化した。事件に至る遠因として、共産党がソ連軍の武力を背景に政権を独占し、恐怖政治を行っていたことがある。一九五六年二月のフルシチョフによるスターリン批判が契機となって、同年六月から一〇月にかけてハンガリーでは自由化を要求する大規模デモが続いた。一〇月には治安部隊の発砲などもあり、デモは暴動と化し、政府の要請でソ連軍が出動した。こののち軍や治安部隊から武器を入手した市民と、治安部隊・ソ連軍との間で激しい戦闘が起きた。その後発足したナジ首相の新政権が一連の政治経済的緩和措置を発表して事態の掌握に努めたため、ソ連はこれを認め、軍隊の引き揚げを約束した。しかし、ナジ政権・党機構は自己崩壊を起こし、首都は労働者評議会が、地方は革命委員会が事実上の権力を握った。これを受けてソ連は第二次介入を決意。ナジはソ連の動きに不安を感じ、一一月一日、ワルシャワ条約機構からの脱退を宣言。ソ連の反応は容赦ないものであり、四日、首都ブダペストを占領し、二週間の激しい戦闘の後、全土を制圧した。そして領土内にハンガリーの「労農革命政権」を発足させた。ハンガリー事件後、ナジとその協力者はソ連軍に拉致《らち》され、一九五八年に処刑された。暴動によって数千人が命を落とし、約二〇万人が亡命した。

ソ連の行動は西側諸国の非難を浴びたばかりではなく、中国など一部社会主義国にもソ連モデルへの反省を促した。ソ連の一方的かつ容赦ないやり方は、今回のロシアによるウクライナへの軍事侵攻と相通じるものがあると言えそうだ。

東西冷戦が続く中、一九六〇年代に入り国際情勢は激しく揺れ動いた。一九六一年には東西冷戦の象徴とも言える「ベルリンの壁」が建設され、一九六二年には米ソが核戦争の瀬戸際まで行った「キューバ危機」が起こった。一九六四年にはベトナム戦争の本格化に道を開いた「トンキン湾事件」が起きた。同事件はのちに米紙ニューヨーク・タイムズによって暴露されたように、米国の「自作自演」だった。

キューバ危機

キューバ危機は核戦争の危機を全世界に実感させることになった。キューバは一九五九年、カストロの指導の下、キューバ革命を成功させ、社会主義国家の建設を開始した。これに伴い米国資本は追放され、当時のアイゼンハワー大統領は革命政権の転覆を謀り、亡命キューバ人によるキューバ侵攻を計画した。次のケネディ大統領も前任者の路線を継承し、一九六一年四月に計画は実行されたが、失敗に終わった（ピッグズ湾事件）。そうした中でソ連のフルシチョフ首相は第三世界への支援と核戦略の強化によって対米優位を得ようと、キューバに核ミサイルを配備しようとした。一九六二年夏、ソ連とキューバは極秘に軍事協定を締結し、ソ連は密かにミサイルや発射台、戦車、兵員を送り始めた。そして一九六二年一〇月一四日、米空軍の偵察機がキューバ上空で撮影した写真からソ連によるミサイル基地の建設が進行中であることが判明した。これは米本土への核攻撃が可能になることを意味した。ケネディ大統領はテレビ演説を行い、攻撃的兵器がキューバに運び込まれれば阻止するために同国の周囲を海と空から海上封鎖することを宣言、実行に移した。ソ連は武器と機材を積んだ船をキューバに向かわせており、海上封鎖を突破しようとすれば米ソ間の直接衝突となり、一触即発の核戦争の危機が迫った。こうした中でケネディとフルシチョフは書簡のやりとりを通じて裏で交渉を重ねた。最終的にフルシチョフは米国がキューバに侵攻しないことを条件に、ミサイル基地を撤去するとの提案を行い、一〇月二七日に合意が成立して危機は回避された。

キューバ危機は、人類が最も全面核戦争に近付いたエピソードだった。

ソ連の継承国家であるロシアは今回のウクライナ侵攻で、追い詰められた場合、核の使用に踏み切るのではないかと懸念されているが、キューバ危機を思い起こした人も多いだろう。

冷戦第二期

キューバ危機は米英ソ首脳に核戦争による人類絶滅の危機を痛感させ、米英ソ部分的核実験禁止条約（一九六三年八月）、核拡散防止条約（一九六八年七月、中仏は不参加）の調印をもたらした。

ケネディは一九六三年に暗殺され、副大統領のジョンソンが大統領職を継承したが、ベトナム紛争への対応に追われた。一九五〇年代にはインドシナ半島ではベトナム民主共和国と旧宗主国のフランスが交戦したが、フランスが敗北した。ソ連、中国の支援を受けた共産主義勢力が東南アジア地域を次々に共産化すること（「ドミノ理論」）を恐れた米国はベトナムに介入、最も多いときで兵士約五〇万人を投入した。

ベトナムでの泥沼的状況に終止符を打ったのはニクソン政権（一九六九年一月～一九七四年八月）だった（実際に終わったのはニクソン大統領がウォーターゲート事件で辞任した約一年

後の一九七五年四月)。ニクソンは対ソ・デタント(緊張緩和)政策と対中接近を進めたため、冷戦は緩和されていった。

しかし、こうした中で、西側諸国ではフランスの「五月革命」に見られるような反資本主義の動きが引き起こされ、米国のベトナム出兵に反対する反戦運動、反権力運動の中で、それまでの政治伝統に対する疑問が公言されるような風潮が広まった。西側陣営内だけでなく、このような異議申し立てはソ連・東欧圏の内部でもソビエト体制批判の動きとして強まり、個人の発意を基盤とする社会主義を実現する方向が目立つようになってきた。「人間の顔をした社会主義」を追求した一九六八年の「プラハの春」がその好例だ。

プラハの春

一九六八年一月、チェコスロバキア共産党はアレクサンデル・ドゥプチェクを第一書記に選任、改革派を登用して民主化に乗り出した。

まず、三月には検閲制度の廃止に着手し、言論の自由を保障。四月には新たな共産党行動綱領が採択され、「人間の顔をした社会主義」が打ち出された。同綱領は、①共産党の権限の一元的集中是正、②粛清犠牲者の名誉回復、③言論や芸術活動の自由化などをうたった。行動綱領の採択を受けて同国では政治のあり方をめぐる議論が活発化。首都プラハでは、ミニスカートのファッションなど西欧風の文化現象も見られるようになった。六月には七〇人の知識人が「二千語宣言」に署名し、ドゥプチェク路線を強く支持し、民主化の後退を許さないとの決意を表明した。

チェコスロバキアにおけるこれら一連の自由化の動きを「プラハの春」と呼ぶ。

しかし、ソ連やポーランド、ハンガリーなど他の東側諸国の共産党政権は「プラハの春」に危機感を抱いた。ソ連は特に二千語宣言を反革命の兆候とみなした。八月二〇日、ソ連のブレジネフ政権はワルシャワ条約機構五カ国軍をチェコスロバキアに侵攻させて民主化の軍事弾圧に乗り出す。市民が抗議する中、プラハの中心部を制圧、チェコスロバキア全土を占領下に置いた。ソ連軍の戦車に向かって丸腰で投石する青年の様子をとらえた写真が全世界に報道され、ドゥプチェクら改革派の幹部は連行された。この弾圧によりプラハの春は踏みにじられ、事実上終焉を迎えることになった。

チェコスロバキアにおける共産党自身の内部改革の試みが、社会主義の「祖国」ソ連によって押しつぶされたことは、わずかながらも残っていた共産主義に対する期待、希望を一掃し、国際共産主義運動を分裂させることになった。フランスやイタリアの共産党は体制内改革を目指す「ユーロコミュニズム」に移行し、中国共産党はソ連軍のチェコロバキア侵攻を「社会帝国主義」として非難。一九六九年には中ソ紛争に発展し、中ソ対立は激化した。

東欧諸国の政軍関係

ソ連と違い、冷戦時代の東欧諸国における政治と軍隊の関係は必ずしも一体化したものではなかった。

市民が自由化を求めて蜂起した一九五六年のハンガリー事件では、ハンガリー人民軍は武力弾圧に参加せず、一部の人民軍兵士は市民の側に立ってソ連軍と戦ったという。事件後、政権を掌握したハンガリー社会主義労働者党のカーダール第一書記は、人民軍を警戒して多くの将校を追放し、党中央委員会を通じて人民軍の統制を強めた。『NATOの東方拡大』（荻野晃、関西学院大学出版会）によると、ソ連の政軍関係と東欧諸国のそれが異なる理由として、①ソ連に従属する東欧の軍隊は独立した主権国家の軍隊としての機能を果たさなかったこと、②東欧の軍隊は体制の内部でソ連におけるような利益集団としての政治的影響力を有していなかったこと、③東欧の共産党にとって社会主義体制を維持するための最終的な暴力装置は自国の軍隊ではなく、自国に駐留もしくは社会主義体制の危機の際、介入してくるソ連軍だったこと、④ソ連共産党幹部以上に東欧の共産党幹部の軍隊に対する不信感は根強く、将校の政治参加は限定されていたこと、が挙げられる。

東欧諸国において軍隊が社会でどう受け止められていたかを見てみよう。

まずポーランドでは、近現代史において政治的な危機の際に政治に積極的に介入する軍人が目立った。例えば、第一次世界大戦後、「ポーランド共和国建国の父」とも称されるユゼフ・ピウスツキはクーデターで権力を握った。社会主義体制下でも、他の東欧諸国に比べて軍人の社会的地位は高かった。第二次世界大戦後、ソ連軍に対して蜂起したが、弾圧された将校の一団のエピソード（カチンの森事件）が想起される。

それに比べてハンガリーでは軍人の社会的地位はそれほど高くなかったようだ。軍人は経済的側面から見ても魅力ある仕事とはみなされておらず、カーダール政権下でも、ハンガリー人民軍は、社会主義労働者党指導部から社会主義体制維持のための最も重要な手段とはされなかったという。

チェコスロバキアでは、オーストリア＝ハンガリー二重帝国（ハプスブルク帝国）、および共産主義政権時代の軍隊は社会的抑圧者とみなされていた。プラハの春では、ワルシャワ条約機構軍のチェコスロバキアへの侵攻に直面し、軍隊は国家、国民を守らないという認識がさらに広まったようだ。

キューバ危機後の米ソ間のデタント・ムードは、一九七九年にウィーンで開かれた米ソ首脳会談で戦略兵器削減条約（SALTⅠ）が調印されるまで続いた。このムードを一気にしぼませたのがソ連によるアフガニスタンへの軍事介入だった（一九七九年一二月二七日）。

ソ連のアフガニスタンへの軍事介入で米ソ間の緊張は高まり、相互不信は新たなレベルにまで達した。米国は経済制裁を実施し、一九八〇年のモスクワ・オリンピックをボイコットした。米政府内部では、デタントはソ連の軍備増強のための時間稼ぎに使われたという対ソ強硬論が台頭した。西側には核兵器によってしかソ連軍の西進を阻むことはできないという判断すらあった。

米ソの軍拡競争は両国に多大な財政的負担をもたらし、先に耐えられなくなったのはソ連だった。一九八五年にソ連共産党書記長に就任したゴルバチョフは、経済危機を打開するために政治・経済革命が重要だとの認識から、ペレストロイカ（改革）やグラスノースチ（情報公開）と呼ばれる民主化、自由化を推進した。しかし、ソ連・東欧諸国の体制にとってはこれが「蟻の穴」になった。民衆の間で民主化、自由化を求める動きは共産主義政権の当局にとって制御できないものになったからだ。

ポーランドの「連帯」やチェコスロバキアの「ビロード革命」は内部から共産主義体制

を侵食するものとなった。ゴルバチョフ書記長のソ連共産党は、こうした動きを弾圧するどころかモラルサポート（精神的支援）さえ与えた。

一方ソ連は、米国が一九六〇年代から一九七〇年代半ばまでベトナムで動きがとれなくなったように、アフガニスタンで現地ゲリラの執拗な抵抗に遭い、状況は泥沼化し、一九八八年八月になってようやく和平協定に調印し、介入に終止符を打つことができた。ソ連がアフガニスタンから撤退を完了したのは一九八九年二月だった。

ポーランドの自主管理労組「連帯」

一九八〇年代初めの東欧において民主化運動を先導したのは、ポーランドの自主管理労組「連帯」だった。グダニスク造船所の労働者レフ・ワレサが中心となって結成した連帯が「自主管理労組」と呼ばれるのは、共産党が当初公認しなかったからだ。政府の物価値上げに抗議して始まった反共色の強いこの組合運動は、瞬く間に全ポーランドに広がり、政府は無視することができなくなった。連帯と「政労合意」を結び、連帯の承認と、賃上げや週休二日制の導入などの要求を受け入れた。社会主義国の労働組合として、初めて共産党から独立した労働運動を始めたのである。

しかし、蜜月は長続きしなかった。ソ連の反発を恐れたヤルゼルスキ政権は一九八一年一二月に戒厳令を敷き、連帯を非合法化し、ワレサ議長などの指導者を拘束した。そのためその後しばらく運動は停滞した。

一九八八年に共産党政権の経済政策が行き詰まり、食肉などの物価値上げが行われると、連帯の組織も復活して、再び民主化運動が展開されるようになった。ペレストロイカが始まる中でポーランド政府は、連帯などの勢力との妥協を模索するようになった。さらにポーランド出身のローマ教皇であるヨハネ・パウロ二世がポーランド政府に対して連帯の「非合法化」を憂慮する発言を繰り返していたことも、連帯の復活につながったと言えよう。

一九八九年二月に連帯は、政府との円卓会議で複数政党制による自由選挙の実施などを勝ち取った。この時点から始まったポーランドの本格的な民主化は同年一二月まで続いた東欧諸国における本格的な「革命」の先鞭を付けた。

ワレサはその後、大統領に選出された。筆者は一九九〇年代の初め、ワレサが欧州共同体（EC）委員会本部を訪れ、EC委首脳らとの会談の後の記者会見に出席したことがある。気さくで「がらっぱち」な政治家との印象を受けた。

核の脅威――中距離核戦力

ロシアのプーチン大統領はウクライナ戦争で、国家の存続が脅かされる事態となれば核の使用に踏み切ると見られており、世界では懸念が強まっている。似たような状況は欧州で冷戦末期にも見られた。

ソ連は一九八〇年代、西欧諸国を射程距離内とする中距離戦略核ミサイルＳＳ－20を配備（中距離核〔ＩＮＦ〕は射程が五〇〇キロから五五〇〇キロまでの核ミサイル）。その撤廃を西側が求め、受け入れられない場合には西欧諸国が米国製戦略ミサイル・パーシングⅡを配備すると主張、交渉は一九八三年ごろから難航していた。しかし、一九八五年にソ連にゴルバチョフ政権が誕生すると東西の歩み寄りが見られ、一九八七年にはＩＮＦ全廃条約（ワシントン条約）が調印された。条約は中距離の核弾頭、および通常弾頭を搭載した地上発射型の弾道ミサイルと巡航ミサイルの廃棄を求めた。

しかしＩＮＦの全廃は容易には進まなかった。ロシアは二〇一〇年代に巡航ミサイルの開発を進めたが、米国はこれを条約違反であると主張。米ロ両国はこの点でしばしば対立した。加えて米国は、ミサイル開発を推進している中国がこの条約に参加していないことに不満を募らせていた。こうした中で米国は二〇一九年二月一日、条約の破棄をロシアに通告したと発表、翌二日からの義務履行停止も発表した。条約は半年後の二〇一九年八月二日に失効した。ロシアがウクライナに軍事侵攻したのは、このように欧州において中距離核巡航ミサイルの配備に関する縛りがなくなった状況の中であることも、念頭に置く必要がある。

冷戦の終結

ここからは冷戦の終結をめぐる経緯を概観した後、汎ヨーロッパ・ピクニック、ビロード革命、ベルリンの壁の崩壊、ソ連の崩壊について改めて個別に取り上げ、詳述する。

終わりの始まりはポーランドにおける連帯内閣の成立だった（一九八九年八月二一日）。二カ月前にはブッシュ米大統領がポーランドやチェコスロバキアなど東欧九カ国を歴訪して、これらの国の民主化を支持する方針を明確に打ち出していた。九月から一一月にかけて、ハンガリー、チェコスロバキア、ブルガリア、東ドイツで次々と「逆ドミノ」の形で共産党政権が崩壊していった。すべて一発の銃弾も発射されなかった「無血革命」である。ソ連が静観したため、各国の共産党政権に民主化の流れを押しとどめるすべはなかった。

圧巻は一一月九日のベルリンの壁の崩壊だった。この日、クレンツ政権は市民の西側への出国の自由を認める国境の開放に踏み切り、東西対立の象徴的存在だった壁が自壊した。その晩、東西ベルリンを隔てていたブランデンブルク門の塀も撤去され、その周りでは市民たちが夜遅くまでベートーヴェンの交響曲第九番「歓喜の歌」を歌い、歴史的出来事を祝った。西欧諸国のテレビは夜遅くまで現地からの映像を交え、ベルリンの壁が崩壊した模様を中継した。

しかし、ルーマニアでは流血の惨事となった。クリスマスを間近に控えた一九八九年一二月一七日、同国西部のティミショアラでハンガリー系住民の強制移住に反対した住民が警官隊と衝突、多数の死者が出た。当局は当初、死者が出たことを隠していたが、共同墓地での集団埋葬が暴露され、争乱は首都ブカレストなど全国各地に広がった。共産党独裁体制を敷いていたチャウシェスク大統領は、自由化要求運動の弾圧によって事態を切り抜けようとしたが、軍隊が市民の側に回ったため、ブカレストをヘリコプターで脱出、二四年以上続いたチャウシェスク政権は崩壊した。その後、チャウシェスク夫妻はブカレストに連れ戻され、二五日には特別軍事法廷で大量虐殺などの罪で死刑を宣告され、即日処刑された。処刑の模様はフランスなど西側のテレビで実況中継された。

東欧諸国の共産主義体制が軒並み崩壊した後、それでもソ連の共産党指導部体制は一九九一年末まで存続した。ゴルバチョフ書記長は一九九〇年三月、①一党独裁の放棄、②計画・市場経済制度の導入、③大統領制の導入など憲法の抜本的改革を打ち出し、自ら大統領に就任した。しかし、一九九一年八月には保守派からの揺り戻しがあり、クーデター事件が発生、ゴルバチョフは一時、クリミアの別荘に軟禁された。当時モスクワ市長だったエリツィンの保守派への反撃もあり、ゴルバチョフは職務に復帰したが、すでに権力基盤は失われていた。その後、エリツィンが主導した独立国家共同体（ＣＩＳ）の創設に伴い、一二月二五日にゴルバチョフは辞任、ソ連は崩壊した。

汎ヨーロッパ・ピクニック

東西ヨーロッパを分断する「鉄のカーテン」は、東西両陣営の間の人の往来を阻止するために有刺鉄線や壁の形で設置されていた。民主化に積極的なネーメト政権のハンガリーでは、オーストリアとの国境三〇〇キロにわたって有刺鉄線が設置され、その維持コストも馬鹿にならなかった。こうした中で一九八九年五月にオーストリア国境沿いの有刺鉄線の撤去が始まった。また、オーストリア・ハンガリー国境も開放されることになったが、対象はハンガリーのパスポート保持者に限られていた。こうした中で、西ドイツへの出国を熱望する東ドイツ人の間で、ハンガリーとオーストリアを経由して、西ドイツ入りしようとする市民が瞬く間に急増した。彼らはハンガリーの国境規則をよく調べもせず、ひとまずはハンガリーに入れば何とかなるとの考えだったようだ。オーストリアに入ろうとしてはハンガリーに滞留する東ドイツ人は一五万人に膨れ上がり、彼らのうち多くはバラトン湖の周辺でキャンプ生活を始め、半ば難民化した。

のちに「汎ヨーロッパ・ピクニック」と呼ばれることになる集会が開かれたのはショプ

ロンという三方をオーストリアに囲まれたハンガリーの町で、会は「ヨーロッパの将来を考える会」と名付けられた。会場では食物やビールが出され、ブラスバンドが演奏し、チロル民謡やハンガリー民謡に合わせて、人々が踊った。

八月一九日午後三時、ハンガリー側の国境の検問所の一部が壊された。そこへ東ドイツ市民を乗せたバスが到着。彼らはお祭り騒ぎには目もくれず、一目散に国境に向かった。オーストリア側の国境検問所のゲートは大きく開かれていた。この日、越境できたのは六六一人。八月末までに三〇〇〇人に達した。

ハンガリーのネーメト政権は九月一〇日、オーストリアとの国境の管理を停止し、全面的に開放することを決定。ハンガリー国内に滞留していた東ドイツ市民をオーストリアへ出国させた。

一〇月三日、東ドイツ政府はチェコスロバキアとの国境を閉鎖した。これにより、チェコ、ハンガリー、オーストリア経由での西ドイツへの出国は不可能となり、市民は不満を体制批判に転化させるようになった。

ビロード革命

チェコスロバキアでは共産党政権からハベルを中心とする民主化勢力への権力移行がビ

ロードのようになめらかでスムーズだったことから、同国の革命を「ビロード革命」と呼ぶ。

チェコスロバキアでは一九六八年に「プラハの春」がソ連軍などによって弾圧されて以来、共産党のフサーク第一書記の下で「正常化」と呼ばれる社会主義経済と一党独裁体制を続けてきた。しかしこの間、官僚主義体制の下で経済は停滞し、言論抑圧の中で国民の間では無気力、無関心が蔓延《まんえん》した。一九七七年に一部の知識人は「憲章77」を発表したが、民主化は進まなかった。

一九八九年一〇月に入ると他の東欧諸国における民主化の進展に勇気付けられて、チェコスロバキアでも民主化運動が盛り上がるようになった。一〇月二九日にはプラハで約一万人の集会が開かれ、改革に動こうとしない共産党ヤケシュ政権（フサーク政権の後継）の打倒を叫んだ。一一月一七日、プラハで大規模な反体制学生デモが行われ、これを治安部隊が弾圧したことから、民主化を求める国民の大規模なデモが行われた。一一月一九日には「憲章77」を起草したハベルらが中心となって「市民フォーラム」を結成。共産党指導部の辞任や全政治犯の釈放などを求めた。大規模デモは一二月にかけて続いた。この間、チェコスロバキア共産党の幹部は総辞職し、共産党政権の崩壊とともに、非共産党政権への平和的移行がなされた。一二月には共産党書記長職をヤケシュに譲り、大統領に就任していたフサークが大統領を辞任。市民フォーラムのハベルが大統領に選ばれた。ハベルは劇作家で、彼をインタビューしたことのある筆者の知り合いのジャーナリストによれば、「風のようにさわやかな人」との印象を受けたという。

ベルリンの壁の崩壊

ドイツ最大の都市であるベルリンは東ドイツの中に位置していたが、東西ドイツ時代には西ドイツに属する西ベルリンと東ドイツに属する東ベルリンに分かれており、西ベルリンは東ドイツの中の「孤島」「飛び地」となっていた。西ベルリンの周りには高い壁が築かれていた。東ベルリンの人たちが、より繁栄していて自由な西ベルリンに逃亡するのを防ぐためだった。もちろん銃で武装した警官が厳重な見張りをしていた。壁を乗り越えて自由の地・西ベルリンに逃れようとした多くの東ドイツ国民が見つかり、その場で射殺されるという痛ましい事件が後を絶たなかった。

筆者の東ベルリンの記憶を少しお話ししようと思う。日本人観光客グループのガイドとして観光バスでチェックポイント・チャーリー（東西ベルリンの国境検問所）から東ベルリンに入ろうとしたとき、銃を持った東ドイツの警備兵が大型の軍用犬を従えてバスの中に乗り込み、グループの一人ひとりにパスポートを提示させ、本人と顔写真をぶっきらぼうな表情で照合していった。中に一人、韓国籍の女性がいて、どうして日本人のグループに入っているのかとか、東ベルリン入りの目的は何かなどとしつこく聞いていた。その警官はバスの横腹のトランクも開けさせ、軍用犬に匂いをかがせた。うきうきした観光ムードは吹き飛んでしまった。

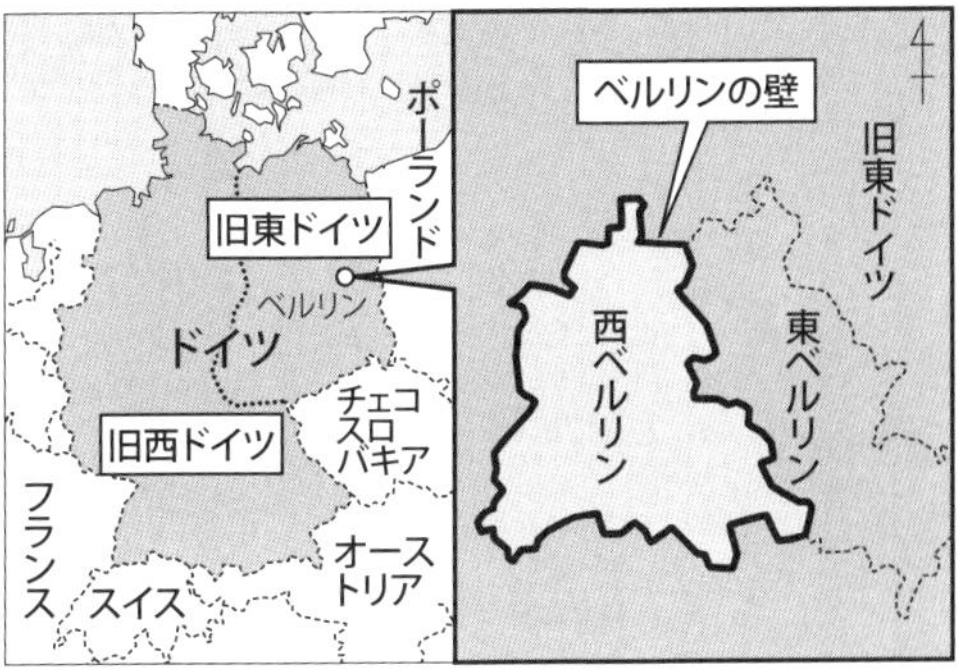

旧東西ドイツと東西ベルリン

東ベルリンの街並みは清潔で整っていたが、真昼間なのに人通りは少なく、活気が感じられなかった。土産物屋に入ったが、売り子の表情は硬く、品ぞろえも西ベルリンに比べると格段にお粗末だった。こうした暗い街の表情は一九九〇年八月にモスクワを訪れたときにも感じた。まさに「異空間」としか言いようがなかった。暗さの背景には全体主義、共産党の一党独裁、自由の抑圧、統制経済などがあるのではないかと思った。

東西ベルリンは、資本主義の米国と共産主義のソ連をそれぞれ盟主とする、いわゆる冷戦の最前線だった。

ベルリンの壁の崩壊に至る前触れ的出来事はいくつかあった。前述の汎ヨーロッパ・ピクニックもそうだ。

そして東西ベルリンの分断を終わらせた最も大きな要因は、東欧の共産主義国家の政治を牛耳ってきたソ連の黙認だった。ソ連の態度の変化は明らかだった。東ドイツ共産党のホーネッカー書記長の退陣直前の一〇月六日、ゴルバチョフは東ドイツ建国式典に参加。その際、ゴルバチョフが自ら推進するペレストロイカを強調したのに対し、ホーネッカーは自国の社会主義の発展を自画自賛するのみで、ゴルバチョフの失笑を買った。ゴルバチョフがホーネッカーを「否定」したことは明らかで、これにより共産党内部ではのちに首相に就任するクレンツらによるホーネッカー失脚工作が始まった。一〇月一七日には共産党政治局でホーネッカーの解任動議が可決された。

新書記長に就任したクレンツは一党独裁制の枠内で緩やかな改革を目指していた。しかし、就任直後、国家計画委員長のシューラーから驚愕すべき報告を受けた。国家財政の破綻である。クレンツは一一月一日、急遽モスクワに飛びゴルバチョフと会談し、支援を要請したものの、拒否された。クレンツは東ドイツが連日、出国を求めるデモで揺れている状況を説明。「大衆デモが壁を突破する可能性もある」と指摘した。これに対してゴルバチョフは、「国民の大量出国と壁の問題はあなた方が解決すべき問題だ」と突き放した。クレンツは手ぶらで帰国せざるを得なかった。

一一月四日には東ベルリンで言論、集会の自由を求める一〇〇万人規模のデモが行われた。クレンツ政権は状況を十分把握できなくなっていた。この年の一一月までに東ドイツからは約二五万人が出国、社会機能が一部麻痺し始めていた。クレンツはその後ようやく国内世論に押される形で党と政府の分離、政治の民主化、結社の自由化、市場原理の導入などの改革を表明した。

そして運命の一一月九日がやってきた。この日までにクレンツ書記長は国外移住などの「恒久的出国」を認める新しい政令を作成するよう指示していた。そして東ドイツ国民の大量出国に直面していた同国政府は、その対応策として旅行および国外移住の大幅な規制緩和の政令を発表した。政府スポークスマンのシャボフスキーが記者会見で発表したのは、事実上の「旅行の自由化」と受け止められる表現であった。彼はいつから実施されるかと聞かれ、実際は翌日の一〇日からであったが、準備不足で関連文書を読み込んでいなかったらしく、「すぐに（sofort）」と答え、誤解を与えた。記者会見は東ドイツの国営テレビで中継されていた。米AP通信は午後七時過ぎに「境界が開かれた」と速報、ドイツ通信（DPA）は午後七時四一分に「西ドイツと西ベルリンへの境界が開いた」と至急電を流した。米NBCテレビのトム・ブロコウ記者は「これは歴史的な夜です。東ドイツ政府がたった今、壁の向こうに通行できると宣言しました。何の制限もなしです」と報道した。

東ドイツ市民は午後七時を過ぎると、七つの国境検問所へ向かい始めた。最初は多くなかったが、そのうち数千人、数万人の規模に膨れ上がった。検問所の国境警備隊は当初、通過することを認めなかったが、そのうち群衆の圧力に押され、不慮の事故を防ぐためにゲートを開けざるを得なかった。開放は午後一一時過ぎに始まり、日付が変わった午前〇時過ぎには七つの検問所全部が通行可能となった。ブランデンブルク門付近など七つの国境検問所周辺では夜遅くまで、喜びを爆発させる市民のお祭り騒ぎが続いた。

一〇日にはベルリンの壁の撤去作業が始まった。壁は冷戦時代において東西分断の象徴であった。これが物理的に撤去されて消滅することは、欧州に新たな時代が到来したことを予感させるものだった。

ベルリンの壁の崩壊により、一九六一年八月一三日のベルリンの壁着工から二八年間にわたって東西ベルリンが遮断されてきた状況にピリオドが打たれ、東西分断の歴史は終わった。一連の東欧革命を象徴する出来事だった。

東西ドイツ再統一

ベルリンの壁の崩壊を受けて、東西ドイツ再統一の気運が一挙に盛り上がった。

ここで「統一」ではなく「再統一」と表現するのは、一九世紀のドイツ統一を考慮に入れたからだ。しかし、実際の法的手続きにおいては、西ドイツの基本法第二三条に基づいてブランデンブルク州など五州（レンダー）とベルリン特別州がドイツ連邦共和国（それまでの西ドイツ）に加盟するという形をとった。言い換えれば東ドイツの西ドイツへの編入だ。

ドイツ再統一はベルリンの壁崩壊から一年足らずの一九九〇年一〇月三日に実現したが、再統一に至る過程で難題となったのは、統一ドイツがNATOに加盟すべきかどうかという点と、東西ドイツの通貨の交換比率だった。

前者については、一九九〇年五月五日から間隔を開けて数回開かれた東西ドイツと米英仏ソの六カ国外相会議（「二プラス四」外相会議）で話し合われた。東ドイツはワルシャワ条約機構から脱退する一方、クレンツ元ドイツ社会主義統一党書記長は、統一ドイツの旧東ドイツ地域の軍事的中立とNATO非加盟を主張した。しかし結局、二プラス四外相会議では統一ドイツのNATO残留に傾き、七月一六日に西ドイツのコール首相がモスクワを訪問し、ソ連のゴルバチョフ書記長の同意を取り付け、この問題は解決した。長年のNATOの仮想敵であったワルシャワ条約機構は、翌一九九一年七月に消滅した。

後者については、七月一日、東西ドイツは通貨・経済・社会同盟を創設。東独通貨を西独マルクに切り替えた。両通貨間の交換比率は、東西ドイツの経済格差にもかかわらず一対一としたので、西ドイツでは五〇〇〇億マルクが吹き飛び、経常収支は赤字に転落した。

旧東ドイツでは民営化企業の相次ぐ倒産によって失業者数が増加した。旧西ドイツは旧東ドイツへの援助コストに苦しみ、不況は長期化。景気回復の兆候が表れ始めたのは二〇〇六年になってからだった。旧東ドイツは統一後、一人当たりの国内総生産は三倍となったが、それでも旧西ドイツの四分の三であった。こうした格差は政治不信につながり、現在のドイツにおける右翼政党への支持の広がりに表れている。

再統一の二日前の一〇月一日、ドイツは完全な主権を回復した。米英仏ソの連合国四カ国のドイツに対するすべての権利が一〇月三日をもって完全に消滅することが確認されたのである。

ソ連の崩壊

ソ連崩壊の前年に筆者が訪れたモスクワは暗い街だった。外務省近くのホテルに泊まったが、西側のホテルに慣れた者にとっては異様な暗さと感じられるムードがフロント近辺に漂っていた。食事も全般的にまずく、モスクワ駐在中の友人は特に新鮮な野菜の確保に苦労すると言っていた。道路は穴が目立ち、遠くから威容を誇っているように見える建物も近くに行くと清掃が行き届いておらず、薄汚れた感じのものが多かった。しかし、一部のホテルはすでに西側スタイルになっており、小ぎれいで、クレジットカードはアメリカン・エキスプレスが幅を利かせていた。街中には車の数は少なく、タクシーを拾って一米ドル札で支払うと言うとドライバーは喜び、一ドルでモスクワ中どこでも行けた。

モスクワの後、レニングラード（現在のサンクトペテルブルク）を訪れた。大通りから少し入ったドストエフスキー博物館の近くに二つの市場があった。片方の公設市場では食料や家庭用品は品薄で、靴半足などが堂々と売られており買い物客はまばらだったが、すぐ隣の闇市場では物があふれており、人出は多かった。ソ連経済は「二重化」しており、末期症状を呈しているとしか思えなかった。

冷戦に幕

一九九一年一二月二五日、ソ連のゴルバチョフ大統領の辞任により、一九二二年に建国され七〇年間続いた世界最大の帝国は終焉を迎えた。これにより第二次世界大戦後続いた東西冷戦は完全に終わった。

三〇年前のソ連崩壊の原因は何だったのだろうか。考えられるのは一九八〇年代のアフガニスタンへの軍事侵攻、米国との軍備拡大競争にかかる膨大なコスト負担、原油価格の低迷による経済状態の悪化などだ。しかし、共産主義を背景とする、競争原理が働かない非効率な国家経済システムの構造的な問題が最大の要因であろう。

前述のように一九九一年八月のソ連共産党保守派によるクーデター未遂事件はゴルバチョフ政権の基盤を揺るがした。翌九月にはソ連構成国の一角だったバルト三国の独立が認められた。一二月八日にはソ連構成国だったロシア、ウクライナ、ベラルーシが「ソ連消滅と独立国家共同体＝ＣＩＳ設立」を宣言した。二一日には新たに八カ国がＣＩＳへの参加を宣言。二五日にはゴルバチョフがソ連大統領を辞任、ソ連は崩壊した。

一九九二年に入ると、ソ連を継承したロシアは資本主義への道をまっしぐらに進み始めた。外国製品がどっと入ってきて、物不足は解消したが、急激なインフレ高進に見舞われた。一九九二年のインフレ率は二六〇〇％のハイパーインフレとなった。ロシアの国内経済状況が落ち着き始めたのは、原油価格の上昇という「神風」が吹いた二〇〇〇年代からである。

一年三カ月後の東欧

この節では、民主化革命から約一年三カ月たった一九九一年三月時点における東欧五カ国（ポーランド、ハンガリー、チェコスロバキア、ブルガリア、ルーマニア）の政治経済的状況を、ＥＵの前身である欧州共同体（ＥＣ）委員会のアンドリーセン副委員長の五カ国歴訪同行取材を基に概観したレポート（時事通信社『世界週報』に掲載）を部分的に再録する。

アンドリーセン副委員長によると、東欧五ヵ国は①四〇年以上続いた共産主義・中央統制経済体制から決別したいとの決意を新たに表明した、②ECを柱とする「大欧州統合」に是非参加したい、③ソ連情勢の不安定化を背景にEC加盟を焦り気味だ、との結論、印象を得たという。五ヵ国にとって一九九〇年は、ドイツ統一に伴う旧東独市場への輸出急減、湾岸危機、経済相互援助会議（コメコン）体制の崩壊などにより、ほぼ軒並み鉱工業生産が落ち込むなど計画市場経済体制時代のツケが一挙に回ってきた形となった。国内総生産（GDP）でみると、一九九〇年はポーランドが三〇%、ブルガリアが二〇%、ルーマニアが一〇%のマイナスをそれぞれ記録した。一方、ハンガリーのGDPは五%減、チェコスロバキアの鉱工業生産は三・二%減にとどまった。

これまで改革が最も遅れていたとされるルーマニアでは、商店や民営企業の設立が相次ぎ、ブルガリアでは国民の六五%が改革を支持するという世論調査結果が最近出た。このためアンドリーセン副委員長も改革が成功する有望な兆候が出てきたと指摘。「EC委は両国のこれまでの改革に対する慎重な姿勢を再検討する必要がある」とし、ポーランド、ハンガリー、チェコスロバキアの三ヵ国と開始している準加盟協定とも言える欧州協定（連合協定）の拡大に向け、各国とも、価格自由化、国営企業の民営化、土地の私有化、税制改革、外国からの投資促進などを経済改革の柱とするよう進めている。価格自由化の法的な枠組み作りは各国とも過去一年間で大幅に進展した。しかし、価格自由化は直ちにインフレ高進に、また民営化による工場閉鎖は失業者増に結び付き、市場経済移行段階の「産みの苦しみ」は避けられない情勢だ。インフレ率は、チェコスロバキア、ルーマニア、ブルガリアの三カ国で、一九九〇年はそれぞれ一〇%、五〇%、三七・三%だったが、一九九一年は五〇%、最低一〇〇%、四〇%に上昇すると見込まれている。

五カ国首脳は西側からの投資受け入れについても意欲を示し、ポーランドのワレサ大統領は「西側は共産主義体制崩壊後の約束に反してどうして積極的に投資をしないのか」と、アンドリーセン副委員長に苛立ちを隠そうとしなかった。ただ、各国ともソ連情勢の不安定化を背景に、統合欧州の核となるECへの強い期待感を表明すると同時に、五カ国の将来はECとの関係強化、ひいては正式加盟しかないとの見方を強調した。ポーランド、ハンガリー、チェコスロバキアの三カ国は、自由貿易地域の創設、政治対話、財政支援を盛り込んだ欧州協定の締結交渉について、年内妥結は当然だとした。ポーランドは特に、同交渉を一九九二年一月から実施するよう強く要求し、ハンガリーのイエシェンスキ外相は独立五〇周年の一九九六年までに正式加盟したいとの目標を表明した。

これに対してアンドリーセン副委員長は、ECの新規加盟交渉はEC市場統合が実現される一九九二年末まで開始しないとしたうえで、加盟国の数を増やすには現在の政治的枠組みを政治統合により改革・強化する必要がある、加盟を希望する域外国も政治・経済改革の両面で十分な進展を示す必要がある、などと指摘、慎重な姿勢を示した。

東欧五カ国は「改革のエレベーターを昇ろうとしているが、下手をすれば下がりかねず、改革を急ぐ必要がある」（ブルガリア財務相）という状況にあって、①我々は欧州の一員、②新欧州はECの手中にある、③それゆえ我々はECに加盟したい、との認識で共通している。

その後東欧五カ国は、ECを継承した欧州連合（EU）に加盟。ポーランド、ハンガリー、チェコスロバキアは二〇〇四年、ルーマニアとブルガリアの加盟は二〇〇六年だった。

東との対立から協調へと変貌するNATO

この節では少し時計を巻き戻し、一九九〇年七月にロンドンで開かれたNATO首脳会議に焦点を合わせる。前年の東欧連続革命を受けて冷戦が終焉を迎え、ドイツ再統一も視野に入ってきた時期だ。筆者はこの会議を現地で取材に当たり、時事通信社の、『世界週報』に寄稿した。以下はその抜粋である。

東欧の変革と加速化するドイツ統一への動きを受けて戦後冷戦構造が終焉を迎える中、ロンドン市内のランカスターハウスで七月五、六両日、NATOの首脳会議が開かれた。この会議は統一ドイツ実現の最後の障害となっているNATO帰属問題でソ連の譲歩を引き出すために明確なメッセージを送るとともに、基本的な軍事戦略の修正に着手し、政治機構への転換を目指すことで合意するなど東西対立から協調へ向けた「歴史的転換点」（ブッシュ米大統領）となった。だが、ワルシャワ条約機構が崩壊しつつある状況を背景に、第一義的には軍事機構であるNATOは、今後東西融和と欧州の新安全保障体制が進展するにつれて、存在意義が希薄になっていくのは避けられないとの見方が支配的だ。会議ではソ連を「友人として迎える」「友好と協力の手を差し伸べる」とのメッセージを送ったが、さらに一歩踏み込んで「潜在的な友人、パートナー」（ウェルナー事務総長）と位置付け、NATOの「平和的意図」を明確にした。

NATOの今後の方針で注目されるのがソ連との相互不可侵・武力不行使宣言構想で、これは統一ドイツのNATO帰属問題に関連して、ソ連が自国の安全保障のために提案した相互不可侵条約締結案に応えたものである。

東欧諸国の変革やドイツ統一の進展で、NATOとソ連との前線は「ソ連・ポーランド国境まで後退した」（サッチャー英首相）ため、西欧側の軍事戦略である前方展開（配備）

戦略と柔軟反応戦略は見直しを迫られた。首脳会議では東側との前線に配備する兵力を削減することで合意した。一方、核兵器と通常戦略を組み合わせ、東側からの侵略があった場合、核の先制使用も想定した柔軟反応戦略については、核兵器への依存を減らし、射程の短い戦術核の使用を「最後の手段」として位置付けた。

首脳会議で合意が成立したNATOの軍事戦略変更、軍事機構改変、軍縮交渉といった提案は、全般的に「欧州情勢の変化に遅ればせながら対応する」（七月七日付の英紙フィナンシャル・タイムズ）ための「最低限の譲歩」と受け止められた。NATOは軍事戦略と軍事機構の見直しプロセスを今後六カ月から一年かけて進め、もう一度首脳会議を開くことになっている。

ロンドン宣言には、「安全保障面における欧州のアイデンティティーを高めることなどによるEC政治統合への動きは、大西洋を越えた連帯と欧州全体における公正かつ永続的な平和秩序の確立に貢献する」と、NATO首脳会議の宣言にしては一見、唐突な文言が挿入されている。これはNATOの中で米国と欧州諸国の間で激烈な主導権争いが早くも本格化していることを示唆している。

会議はNATOの政治機構化と基本戦略の見直しによって、NATOを足掛かりにして欧州新秩序への影響力保持を狙う米国と、年内に完了が予定されるドイツ統一に必要な対ソ融和政策を推進するうえで米国が出した一連の「対ソ新戦略」が好都合と判断し、これに乗った西ドイツが主導した形となった。

ロンドン宣言は、「NATOは今日、大幅な変革を開始した。我々は全欧州諸国とともに、欧州大陸に永続する平和を築く決意だ」と高らかにうたい上げた。しかし、対ソ融和、軍事戦略の見直し、政治機構化、欧州新安全保障秩序作りの進展に伴い、東西軍事対立の「申し子」だったNATOの存在意義が低下し、希薄化することは避けられない。

一九九一年の新戦略概念

NATOは一九九〇年七月にロンドンで開いた首脳会議で、東西冷戦が終結したことを背景に、それまでの前方展開と核抑止により東側陣営の大規模攻撃に備えていた戦略を大幅に見直し、新たな戦略作りを進めることを決めていた。

NATOの新戦略概念を打ち出すために、一九九一年にローマでNATO首脳会議が開かれた。この時点では、東欧諸国は民主化の道を歩み、ソ連はまだ存在していたものの、ゴルバチョフ政権は同年八月の共産党内部の保守派によるクーデター未遂事件で弱体化しており、共通の敵はもはや存在しなかった。冷戦時代にNATOは数回、戦略概念を打ち出したが極秘事項とされていた。ところが、一九九一年以降の戦略概念は、今後のNAT

Oの存在意義を強調するための効果を狙い、公表された。

一九九一年戦略概念は、従来通り、東西戦略バランスの均衡に注意を払うとしつつも、「欧州正面での大規模な正面攻撃の脅威はほぼ消滅した」との認識に基づき、東欧諸国が直面する深刻な経済・社会問題や、民族対立と領土紛争などを含む政治問題から来る「地理的不安定性」のリスクに備える必要性を強調した。

さらに第五条任務（集団防衛）に加えて、第四条の安全で安定的な安全保障環境の提供、安全が脅かされた場合のNATO条約に基づく協議フォーラムの提供の重要性を改めて指摘した。ちなみに第四条は、「締約国はいずれかの締約国の領土保全、政治的独立又は安全が脅かされているといずれかの締約国が認めたときはいつでも、協議する」と規定している。

これは新しい安全保障環境に対応して、NATOがその機能を拡大し始めたことを意味する。米国はNATOへの脅威が減少する中で、通常戦力と核戦力の削減に着手するとともに、コンパクトで機能性の高い戦力の構築と、機能性を高めるための統合軍事機構の再編に乗り出した。

非加盟国との関係では、域外国との対話・協力を推進するための北大西洋協力理事会（North Atlantic Cooperation Council＝NACC）と、協力プログラムの枠組みである「平和のためのパートナーシップ（Partnership for Peace＝PfP）」を東欧に拡大することとした。

一九九四年のブリュッセル首脳会議

本節では筆者が『世界週報』に執筆した「東欧がNATOに加盟できない理由」と題した記事を一部掲載する。

約二年ぶりに開かれたNATO首脳会議の陰の主役はポーランドとロシアだった。一九九三年一二月に開かれたロシアの新議会選挙で、「拡張主義」を唱える極右の自由民主党（ジリノフスキー議長）が躍進したため、ロシアと国境を接するポーランドやハンガリーなど東欧諸国はロシアを改めて「潜在的な脅威」と意識し、NATOに加盟して「安全保障の傘の下」に入ることを強く求めた。

一方ロシアは、「東欧のNATO加盟はロシアを孤立化させ、自由民主党などの強硬派や軍部を勢い付け、民主化にブレーキがかかる恐れがある」として強く反発し、「加盟が実現した場合、ロシアを中心とする独自の軍事・政治同盟の創設を検討せざるを得ない」と警告した。

NATOの「盟主」米国が加盟に向けた東欧の熱意に配慮するとともに、ロシアの孤立化を助長しないために妥協策として打ち出したのが、東欧諸国全体を対象としたPfP構想だ。別の面から言えば、この構想は東欧の新規加盟に道を開くとともに、性急な加盟を断念させる性格を持っている。

ＰｆＰ構想の具体的な内容を見ると、「ＮＡＴＯは領土、政治的独立、安全保障上で脅威を受けた同構想参加国との間で協議を行うとともに、国防予算の透明性を確保、軍の文民統制促進、合同防衛計画の立案、合同訓練・軍事演習の実施、人道援助などの各分野で参加国との間で具体的な策を実施する」としている。さらに平和維持活動面での合同演習の年内開始を提案している。ただし、構想参加国はこれらすべてを受け入れる必要はなく、「アラカルト方式」で参加が認められる。

東欧諸国にとってＮＡＴＯ首脳会議は不満が残る結果となったが、首脳会議のあとプラハを訪問したクリントン米大統領との会議で、ワレサ（ポーランド）、ゲンツ（ハンガリー）、ハベル（チェコ）、コバチ（スロバキア）各大統領は、四カ国がＰｆＰ構想に参加することを表明した。ほかに選択肢がないことを認識して渋々ながら受け入れる結果となったが、ＮＡＴＯ加盟問題は今後もくすぶり続けそうだ。

首脳会議ではＮＡＴＯ拡大問題の陰に隠れてあまり目立たなかったが、欧州諸国に米国から独立した役割を付与するという「欧州の防衛安全保障における主体性」が容認された。これはフランスが求めてきたＮＡＴＯの「欧州化」につながるものだ。具体的にはＮＡＴ

OがWEU（西欧同盟）に司令部、通信機能、装備を提供して「共同統合任務部隊（CJTF）」を編成し、欧州を主体としてNATO域外での平和維持活動に当たらせる。NATOは冷戦後の世界ではEUと欧州安全保障で競合するのではないかと懸念されていたが、域外での役割分担が進みつつある。

EUは冷戦後の時代において国際社会で存在感を増し、重要なアクター（行為者）として一目置かれている。これは一九九三年一一月に発効した欧州連合条約（マーストリヒト条約）で、政治統合を目指して共通外交安全保障政策（CFSP）を打ち出したからだ。

EUの前身である欧州共同体（EC）は、欧州経済共同体（EEC）、欧州石炭鉄鋼共同体（ECSC）、欧州原子力共同体（ユーラトム）の三つの共同体が合体して成立したものだった。これには訳がある。と言うのは、もともとEECの創設時に欧州政治共同体（EPC）構想というものがあり、これは欧州防衛共同体（EDC）の創設で合意が成立した場合にのみ誕生することになっていたからだ。しかしEDCはフランスの国民議会の反対により、ご破産となった。それゆえ、欧州統合は長い間、圧倒的に経済分野で進められ、政治分野では「欧州政治協力（European Political Cooperation＝EPC）」という政府間の枠組みで細々と続けられてきた。

EPCの運営は加盟各国の外務省政務局長で構成する政治委員会に委ねられた。EPC

は「欧州が一つの声で話すとき」が来るように共同の政治行動を模索することを重視していた。そのため「政治協力」を強化する目的で「国際問題に関する意見調和のためのメカニズム」を構築し、「欧州が政治的目的を持つことを全世界に周知させる」ため「外交政策の調整」に集中すべきことを提言した。筆者はブリュッセル駐在時代、毎日正午から委員会が開くプレス向けブリーフィングに出席していたが、その際、委員会としてではなく、EPCの枠組み内で、その時々の国際問題に対する共同体の見解・意見が短いプレスリリースにまとめられて発表されていたことを覚えている。

EPCで扱われた問題領域は全欧安保協力会議（CSCE）、欧州アラブ対話、中東・地中海問題、反アパルトヘイト、テロリズム、開発途上国での欧州の役割、ソ連のアフガニスタン侵略、ベトナムのカンボジア侵略、ポーランド問題、イラン・イラク戦争、テヘランの米国大使館人質事件、ASEANとの政治関係の改善、フォークランド紛争、ナミビア・ザンビア・ジンバブエなどの独立問題、バングラデシュの国家承認など多岐にわたっていた。一方、EPCが関与しなかった問題は、アイルランド、西ベルリン、マグレブ諸国、EFTA（欧州自由貿易連合）と北米への配慮、国連安全保障理事国としての英仏の立場、海洋法、ユネスコ、安全保障・防衛（NATOへの配慮）などに関する諸問題だった。

ＥＰＣでの国際問題に対する関心の積み重ねがあったから、マーストリヒト条約に基づく政治統合に向けた共通外交安全保障政策（ＣＦＳＰ）に結実した。言い換えればＥＰＣはＣＦＳＰに発展的に解消したと言える。

ＥＵはＥＣＳＣ、ＥＥＣ、ユーラトムの三共同体による法人格を有するＥＣを第一の柱、ＣＦＳＰを第二の柱、司法・内務協力（ＣＪＨＡ）を第三の柱とする、列柱構造の組織体に生まれ変わった。第二の柱と第三の柱は強制力を持たない政府間協力である。

ＥＵはＣＦＳＰの下で、ＮＡＴＯと安全保障、防衛の分野で競合するのではなく、実質的に役割分担をしていくことになる。

第二章　旧ユーゴ紛争とNATO空爆

冷戦終結と欧州統合の進展で役割を終えたかとも思われたNATOだが、旧ユーゴスラビア紛争への対応で、創設以来初めての武力行使に踏み切った。旧ユーゴの内戦は東西冷戦終結後、最も注目された民族紛争だった。最初にスロベニア、クロアチアで戦火が燃え上がり、その後、ボスニア・ヘルツェゴビナ、コソボ自治州に紛争が移った。

禁輸を実施するための海上封鎖から始まり、空爆にまで行き着くこととなった。これにより、NATOの「マッチョ」なイメージが瞬く間に広がり、ロシアや中国は警戒するようになった。

アドリア海の米駆逐艦

イタリア南部の港町、ブリンディジから英海軍のヘリコプターで飛んで、旧ユーゴスラビアに向かう船舶の臨検をしていた米海軍の駆逐艦マッキナニーを取材のために訪れたのは、旧ユーゴ紛争が始まって二年近くたっていた一九九三年三月だった。当時の紛争の焦点はボスニア・ヘルツェゴビナで、マッキナニーはセルビアを主体とする旧ユーゴに対する軍需物資などの禁輸を実施するために配備されていた。ゆったりと大きく揺れる駆逐艦上は、前線ではないものの緊張感が漂い、取材に応じてくれた艦長や広報担当の下士官はあまり笑顔を見せなかったが、ユーゴ紛争の解決に役立つならば本望だと言っていた。そ

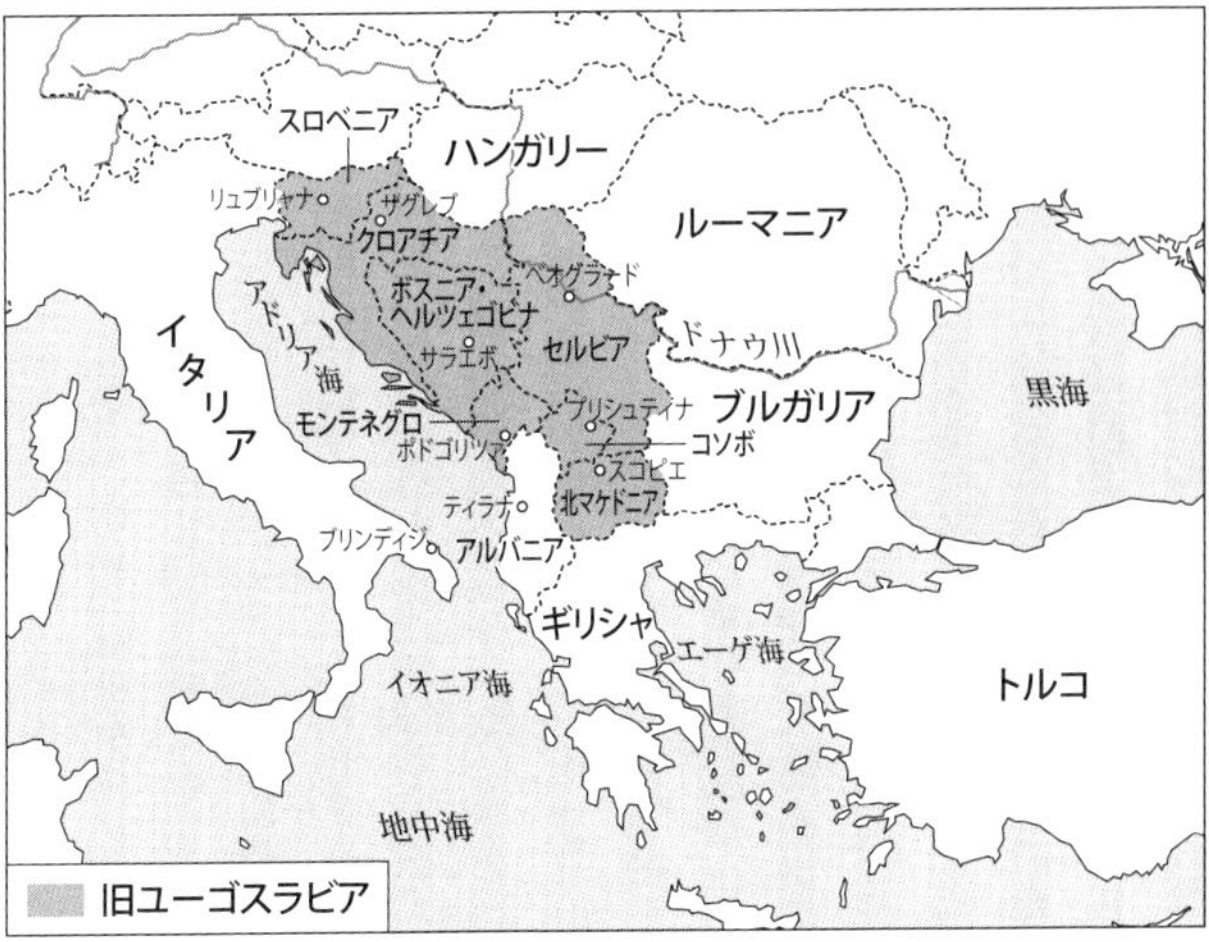

バルカン半島と旧ユーゴスラビア

れまで何度か怪しい船舶を発見して停船させ、積荷を検査したところ武器を発見したため、ユーゴ行きを断念させ、引き返させたこともあったと説明してくれた。中には抵抗のそぶりを見せた船舶もあったという。

帰りに乗ったヘリコプターはひどく揺れて吐き気がした。隣では英海軍の通信兵がずっと無言で大きなレーダー画面を眺めていた。空から不審船をチェックしていたのだ。

モザイク国家ユーゴスラビア

バルカン半島のユーゴスラビアは人口二三五〇万人で、国土は日本の約七割弱の多民族国家だ。七つの国境（イタリア、ルーマニア、ハンガリー、ブルガリア、オーストリア、ギリシャ、アルバニアと国境を接する）、六つの共和国（スロベニア、クロアチア、ボスニア・ヘルツェゴビナ、セルビア、モンテネグロ、マケドニア）、五つの民族（セルビア人、クロアチア人、スロベニア人、モンテネグロ人、マケドニア人――一九七一年にイスラム教徒のモスレム人が正式に民族として承認され六つの主要民族となるが、先住民族も一八以上存在する）、四つの主要言語（セルビア語、マケドニア語、クロアチア語、スロベニア語）、三つの宗教（ローマン・カトリック、東方正教、イスラム教）、二つの文字（キリル文字、ラテン文字）という数え言葉で表される通り、複雑な構成となっている。

第二次世界大戦中、ナチス・ドイツの支配への抵抗運動を行ったパルチザン（のちにユーゴスラビア共産党書記長に就任したチトーが指揮した）の働きによって、ユーゴスラビアは旧東欧社会主義国の中で唯一、ソ連赤軍に頼らずほぼ自力で国土を解放した。一九四五年にユーゴスラビア連邦人民共和国（セルビア共和国、クロアチア共和国、ボスニア・ヘルツェゴビナ共和国、マケドニア共和国、モンテネグロ共和国で構成）が誕生した。一九六三年にはユーゴスラビア社会主義連邦共和国と改称。政権はチトーが握った。この後もユーゴスラビアは東西冷戦終結までソ連の干渉に抵抗し、「諸民族の友愛と団結」のスローガンの下に非同盟外交を推進した。

一九八〇年にチトーが亡くなった後、集団指導体制で何とかユーゴスラビアの統一は保たれていたが、一九八九年の東欧連続革命、一九九一年のソ連の崩壊を受け、ユーゴスラビアは分裂に向かった。チトーというカリスマ的指導者がいなくなった後、ソ連という「恐怖」がなくなったことで、経済格差などをめぐる各民族間の不満や欲求が徐々に表面化し、各共和国は宗教や民族の違いなどを再び意識するようになり、単独国家への志向を強めた。また、隣国の社会主義国ルーマニアで起きたチャウシェスク大統領の処刑は大きな衝撃を与え、ユーゴスラビアでもまた一九九〇年の選挙では六つすべての構成共和国で民主主義政党が圧勝、共産党を中心とした連邦政府は機能不全に陥った。

スロベニア、クロアチアが独立

ユーゴスラビア紛争の先頭を切って、一九九一年六月末に勃発したスロベニア共和国でのスロベニア防衛軍とユーゴ連邦軍の戦闘は、ECの精力的な調停活動が奏功し、約一〇日後には終わった。一九九一年前半の議長国ルクセンブルクのポース外相は調停の成功に気をよくしてか、旧ユーゴ問題は「欧州の問題であり、米国の問題ではない」と胸を張った。後で判明したことだが、スロベニア情勢への対応でECは米国に通報したものの、NATOでは協議されなかった。これは冷戦崩壊を受けて、「欧州の問題は、欧州による解決」を目指そうとするECの心意気を示したものだ。

続いてユーゴ内戦の主要舞台となったクロアチア共和国での武力紛争は、約半年間の戦闘の後、ユーゴ和平会議での調停もあり、一九九二年一月には国連の調停案が受諾され、これに伴い国連防護軍（UNPROFOR）がクロアチアに駐留したが、クロアチア側は、防護軍の駐留はクロアチアの国土の三分の一を占めているクライナ地方が、セルビア人勢力に支配されていく状況を固定化しているとの批判を展開した。その後、何度もクロアチア政府と同国内のセルビア人勢力間の対立が緊迫化し、一九九五年五月には、クロアチアのセルビア人勢力が樹立を主張する「クライナ・セルビア人共和国」の西スラボニアが陥落、同年八月にはクロアチア政府軍はクライナ地方で、セルビア人の支配地域に対して総攻撃を仕掛け、同地方を一週間で制圧し、クロアチア東部での戦火はひとまず収まった。

ところでセルビア人を主体とするユーゴ連邦軍が、スロベニアとクロアチアの独立を武力に訴えて阻止しようとしたのは単に民族と宗教の違いからだろうか。どうやらそうではないようだ。

最大の要因は、セルビアを主体とする旧ユーゴスラビアは、北の先進地域であるクロアチアとスロベニアによって財政的に支えられていたからだ。旧ユーゴが比較的安定していた一九八八年の連邦予算を見ると、歳入は二五・六％がクロアチアによって、一七・三％

がスロベニアによって賄われていた。二つの共和国が抜ければセルビアにとって大きな経済的打撃となるのは必定だった。一方、ユーゴ連邦軍はセルビアによって管理・運営され、連邦予算の約七割を消費、高級将校の七五％はセルビア人によって占められていた。

ボスニア紛争が露呈したEUの無力ぶり

ボスニア・ヘルツェゴビナはバルカン半島の西部にあり、面積は日本の九州より狭く、人口も約四〇〇万人の山がちの小国だ。この国で第二次世界大戦後、欧州で最も激しい武力紛争が起きたのは、住民の構成比がイスラム教徒（モスレム人）約四〇％、セルビア人約三〇％、クロアチア人約二〇％となっていたことが背景にある。内戦が始まったのは、一九九二年四月にECがボスニアを承認した直後だった。独立承認が引き金になり、ボスニア内少数民族のセルビア人武装勢力が首都サラエボなどでイスラム教徒への攻撃を始めたとの見方も根強い。ボスニア紛争はその後、クロアチア人勢力も交えた三つどもえの戦闘に拡大、三〇回以上の一時的な停戦も挟みながら、一九九五年夏まで約三年半続いた。

ボスニア紛争ではエスニック・クレンジング（民族浄化）が大々的に行われた。これは特定の地域で、ある民族主義勢力が、他の民族を排除して「民族的に純粋な地域」を広げようとする行為だ。ボスニアではセルビア人がモスレム人など異民族を支配地から排除したり、強制収容所に送った。その後、クロアチア人、モスレム人も同じような民族浄化に手を染めた。日本人から見ると、セルビア人、クロアチア人、モスレム人は区別がつかないほど似ている。精神分析学の創始者であるフロイトは「絶えず争い、蔑み合っているのは領土が隣接し、互いに交流のある共同体同士である」と指摘し、これを「取るに足らない相違への自己陶酔」と呼んだが、まさにこうした状況がボスニアで出現したのだ。

EU域内では、ボスニア紛争におけるEUの無力ぶりがマーストリヒト条約の欠陥を如実に示している、との批判的見方がいまだに根強い。ただ、少なくともEUの調停努力がマケドニア共和国、コソボ自治州、アルバニアなど隣接地域に飛び火するのを防ぐのに役立ったとの評価もある。トルコやロシアの影響も強く、民族、宗教が違う三勢力が入り乱れ、「欧州の火薬庫」と言われるバルカン半島の中でも最も不安定な地域の一つとされるボスニアの悲劇を、単独で解決する能力をEUに求めるのは実際、無理だった。

泥沼化した紛争の終わりが見え始めたのは、NATOがセルビア人勢力に対して大規模な空爆を始めた一九九五年八月末だった。空爆作戦は国連が要求していた、ボスニアの首都サラエボなど国連指定の安全地域からの撤退をセルビア人勢力に完全に履行させるのが目的で、数週間続いた。海洋発射巡航ミサイル（SLCM）など最新兵器を駆使した米軍主体による激しい空爆作戦に乗じて、ボスニア、クロアチア両政府軍はセルビア人勢力にボスニア西部で大攻勢をかけ、支配地域はそれまでの三対七からほぼ互角にまで拡大した。

こうした軍事バランスの均衡化により、和平協議への道が開け、まず一九九五年九月八日、ジュネーブで開かれたボスニア（イスラム教徒主体）、クロアチア、新ユーゴスラビア（セルビアとモンテネグロで構成）三国外相協議で、ボスニアをイスラム教徒・クロアチア連邦五一％に対して、セルビア人勢力四九％の領土に分割すること、ボスニア国家の存続、その中での「セルビア人共和国」の存在を認知することなどが決まった。続いて二六日にニューヨークで再び開催された三国外相協議では、新国家の基本形態として民主選挙を実施することで合意した。ボスニア全土での停戦（三六回目）が発効したのは一〇月一二日だった。

結局、米軍主体のNATO軍によるセルビア人勢力への空爆が、同勢力を本格的な和平への道に引きずり込んだ形となった。ボスニア紛争への終結の道を探る旧ユーゴ和平会議は、米国の仲介でオハイオ州デイトンのパターソン空軍基地で、報道陣をシャットアウトして一一月一日から二一日まで開かれ、戦争の包括的解決と戦後の新体制作りで合意した。これを受け翌一二月一四日にはパリのエリゼ宮（フランス大統領府）で和平協定が正式に調印された。死者は二〇万人を超え、二七〇万人以上の難民が発生し、第二次世界大戦後の欧州で最悪の結果を招いたボスニア紛争は協定調印で終結に向かった。和平協定はボスニアを一つの国家として維持しつつ、その中にイスラム教徒・クロアチア人勢力の「ボスニア連邦」と「セルビア人共和国」の二つの存在を認め、領土配分はボスニア連邦が五一%、セルビア人共和国が四九%となった。ボスニアの首都サラエボは、ボスニア連邦によって統一管理されることになった。

戦争終結によりサラエボ市民は、同市をそれまで包囲していたセルビア人武装勢力による砲撃や食料、水、電気の極端な不足にもはや悩まされることもなく、久しぶりにクリスマスを平穏に過ごすことができたという。

NATOによるボスニア空爆の背景

ここではNATOにとって初の「非五条」の軍事ミッションであるとともに、初の「域外活動」となった、空爆を中心とするボスニア紛争への関与についてみてみよう。

NATOはセルビア陸軍に対する空爆、および関連防空作戦を一九九五年八月三〇日から九月三〇日まで実施した。同作戦は「オペレーション・デリバレート・フォース(Operation Deliberate Force)」と呼ばれ、米国を中心とするNATO加盟一五カ国からF16戦闘機やミラージュ、ハリアーなど四〇〇機の軍用機と約五〇〇〇人の兵士が動員された。NATO軍機はアドリア海に派遣された米海軍の原子力空母「セオドア・ルーズベルト」やイタリアのアビアーノ空軍基地など一八カ所の基地から出撃した。

空爆には「ルーティーン」化の側面もあった。米ABCテレビは、米軍のある戦闘パイロットの一日を報道。パイロットは早朝、家族と食事をした後、自家用車をアビアーノ基地まで運転し、到着すると戦闘機の整備員と打ち合わせ。同機に乗り込み、アドリア海を越えてバルカン半島ボスニアのセルビア軍陣地を空爆。アビアーノ基地に帰還した後、夕方までに車で宿舎に戻るというルーティーンを一カ月間繰り返したという。地上ではおびただしい血が流れていたに違いない。

空爆の背景には、セルビア人勢力を「国際社会の敵」という悪者のイメージで染め上げようとする、米大手広告代理店ルーダーフィンによる広報活動もあったとされる。もちろんボスニア人勢力の要請によるものだ。英国の独立系ITNテレビは一九九二年八月、ボスニアにあるとされるセルビア人勢力の「強制収容所」におけるイスラム教徒捕虜の映像を放映、世界に衝撃を与えた。これによりセルビア人勢力の残虐さや指導者ミロシェビッチの犯罪性をめぐるイメージが形成された。ところが、イスラム教徒勢力も同様の強制収容所を運営していたことは報道の対象とならなかった。

一九九四年二月にはボスニアの首都サラエボの青空市場が砲撃され、八人の死者が出た。セルビア人勢力の仕業とされ、セルビア人悪玉説が再び浮上した。国連安全保障理事会もついにボスニア空爆を決議したが、ロシアがセルビア側と調停活動に入り、国連軍による空爆は中止された。このため米軍を中心とするNATO軍による空爆というオプションが浮上し、一九九四年一一月に初めて空爆が実施された。前述したように、その後一九九五年八〜九月、NATOは本格的空爆に踏み切った。

青空市場への砲撃については、ボスニア人勢力の「自作自演」ではないかとの説が当時、ブリュッセルの外交筋の間でささやかれていた。すなわち、セルビア人勢力に対する懲らしめとしての空爆を引き出すために行われたのではないかとの見方だ。

ボスニア紛争の解決に向けた外交プロセスで、日本人の活躍も忘れてはならない。国連のキャリア官僚、明石康が旧ユーゴ問題担当の国連総長特別代表に任命されたのは一九九三年一二月。国連防護軍（UNPROFOR）の最高責任者として指揮を執った。明石は武力行使ではなく、政治交渉での解決を目指し、セルビア人悪玉論を取らず、三勢力と等距離を保った。しかし、米国がNATOによる空爆に傾き、実施に踏み切ったことで立場が悪くなり、一九九五年一一月に辞任に追い込まれた。

コソボ紛争とユーゴ消滅

ユーゴスラビアでの惨劇はボスニアでは終わらなかった。

セルビア共和国コソボ自治州は人口一九〇万人のうち八八%がアルバニア系住民、一二%をセルビア人が占めていた。

コソボでの紛争の発端は一九八九年三月、セルビア議会が共和国憲法案を可決して、コソボ自治州の権限を共和国に集中したことに求められる。その後、ユーゴスラビア連邦が崩壊し始めてからはアルバニア人の独立志向が高まっていった。一九九八年にアルバニア系武装組織コソボ解放軍がコソボ治安部隊と衝突を繰り返し、紛争が激化した。一九九九年二月、和平案を提示した米英仏独ロ伊の連絡調整グループの主導で、セルビア側とアルバニア側の代表団がパリ郊外のランブイエに赴き和平交渉を行った。両者はコソボの自治では原則合意したものの、軍事面での合意ができなかった。セルビア人側は国家主権の侵害を理由に、和平合意後のNATO主体による平和維持軍の駐留を拒否し続けたため、三月二四日、NATO軍の空爆が開始された。空爆は国連安全保障理事会の決議を経ていない域外の国家に対する攻撃であったため、論議を呼んだ。

米軍を主体とするNATO軍によるセルビア攻撃は、一九九九年三月二四日から一〇週間にわたり、出撃回数三万八〇〇〇回に上った。米国は、空爆はアルバニア人の人権擁護という人道上の理由によっており、人道的な介入は国家主権に優先する正当な行為だと主張した。ロシアの反対を押し切って実施した、米国にとってのコソボ空爆は自国の安全保障上の利益が脅かされていない地域での武力行使として、同国の多国間主義の表れであると受け止められた。しかし同時に、米国が欧州の安全保障における主導権を維持しようとする、米クリントン政権の意欲の表れと見る向きもあった。

「アライド・フォース（Allied Force）作戦」と名付けられた空爆は、ユーゴ側発表によると民間人死者一一〇〇人、NATO側発表によると死者五〇〇〇人を出し、八五万人の難民が近隣諸国に流入するという事態も生じた。ユーゴの被害総額は一四五〇億円に達し、近隣のバルカン諸国にも経済的な打撃を与えた。

セルビアの首都ベオグラードの中国大使館も「誤爆」された。爆撃後、中国大使館がユーゴスラビア軍の通信信号の中継に使われていることを米側が把握したため、「意図的に爆撃した」との見方が広まった。米側は、爆撃は「古い（不正確な）米中央情報局（CIA）の地図に基づいていた」と釈明した。通信社のウィーン特派員を務めていた筆者の友人はコソボ紛争取材を続けていたが、「誤爆」の後、ユーゴ政府の招待に応じて誤爆現場を視察、ミサイルが東西南北に向いた四つの側壁と屋上に突き刺さっており、誤爆にしては執拗な感じを受けたという。

セルビアの指導者ミロシェビッチは訪中の経験があり、中国との友好関係を取りざたされていた。ミロシェビッチはその後、妻子を北京に亡命させようと試みたという。誤爆によってNATO諸国と中国の関係は悪化、中国では西側諸国の大使館の周辺や、西側企業に関係のある店舗の周辺で破壊を伴う攻撃的な抗議活動が行われた。

ベオグラードの中国大使館を爆撃目標として指定したのは米CIAのウィリアム・ベネット中佐であり、のちに「誤爆」の責任を取って辞任した。さらに二〇〇九年三月二二日、ベネットは妻と公園を散歩中、窓のない白い不審車両に乗った何者かに襲われ、ベネットは死亡、妻は重傷を負ったという。

六月三日、ミロシェビッチ政権は和平案を受け入れ、コソボからの撤兵に同意した。しかしコソボ和平後、アルバニア人によるセルビア人やロマに対する報復攻撃が続き、二〇万人以上が難民となった。空爆により両者の関係は一層悪化した。

戦後復興のためには国連コソボ暫定統治機構（UNMIC）が行政管理に当たったほか、NATO軍主体のコソボ平和維持部隊（KFOR）が二〇〇四年一二月まで駐留した（NATOの任務はEU部隊が引き継いだ）。

ミロシェビッチは二〇〇〇年九月、大統領選挙でコシュトニツァに敗れ、二〇〇一年四月に逮捕された。セルビア民族主義をあおり、「バルカンの虐殺者」の異名を取った彼は、二〇〇一年六月二八日、旧ユーゴ国際戦犯法廷（オランダ・ハーグ）に引き渡され、七月三日、大量虐殺を含む人道に対する罪などでの公判が始まった。引き渡しをめぐっては、国内の前大統領派の抵抗などで混迷を極めたが、第二次大戦後、国際法廷が元国家元首を裁く初のケースとなった。

新ユーゴスラビア連邦（セルビア、モンテネグロ両共和国で構成）の上下両院は二〇〇三年二月四日、ユーゴ連邦に代わる新連邦国家「セルビア・モンテネグロ」の憲法案を採択、憲法は直ちに発布され、新国家の樹立が宣言された。これによって七三年四ヵ月にわたって続いた「ユーゴスラビア」の国名は消滅し、新たな装いの連邦国家に再編された。

NATOによる空爆から六年たった二〇〇五年、国連安保理はコソボの最終地位確定の交渉開始を支持した。しかしその後、ロシアの反対で安保理決議の採択を断念せざるを得なくなった。国連での交渉が失敗、解決の糸口が見えないと分かると、EUはセルビアにEU加盟交渉の加速化など懐柔策を打ち出した。

二〇〇八年一月にはコソボで新連立政権が発足し、サチ新首相が早期独立方針を表明した。そして二月一七日にはコソボ州議会がセルビアからの一方的独立を宣言した。ただ、独立とは言っても、アーティサリ国連事務総長特使の包括的提案に沿って、EUを中心に新設される国際機構の強い監督権限下に置かれる「国際社会に依存する」形態での独立となった。EUは二〇〇〇人規模の文民支援部隊を派遣し、国連コソボ暫定行政支援団を引き継ぐことになった。こうした体制は五～一〇年は続くものと予想された。

セルビアとハンガリー、「綱渡り」外交

ロシアのウクライナへの軍事侵攻に対して、ほとんどの欧州諸国は厳しく非難しているが例外もある。旧ユーゴスラビアのセルビアと東欧のハンガリーは国連の非難決議には賛成したものの、セルビアは一連の制裁には参加しておらず、ハンガリーは中立の方針を打ち出し、両国とも対ロ批判で「及び腰」だ。一方、セルビアはEU加盟を希望している加盟候補国であり、ハンガリーはすでにEU加盟国であり、両国ともEUに配慮せざるを得ない立場にある。

こうした中で二〇二二年四月三日、セルビアでは大統領選挙と議会選（一院制、定数二五〇）が行われ、ロシアに融和的な現職のブチッチ大統領が約六割の票を獲得して再選され、右派与党のセルビア進歩党も第一党の座を維持した。同じ日にハンガリーで実施された総選挙では、強権政治でEUとは距離を置くオルバーン首相が率いる右派与党「フィデス・ハンガリー市民連盟」が圧勝した。オルバーン政権は「親ロシア」だとの批判を野党連合が展開したものの、有権者は戦争に関与しない姿勢を評価した模様だ。

この結果、両国ではEUとロシアの間でこれまで通りの「綱渡り」外交が続きそうだ。

セルビアはEU加盟を目指すことで西側を志向する一方、民族と宗教が似通うロシアとの

関係も重視。欧州とロシアの間でバランスを取ることに努めているようだ。

旧ユーゴ紛争でのセルビア人勢力に対してNATOが行った執拗な空爆を記憶するセルビア人と、NATOの東方拡大により旧ソ連時代の勢力圏を徐々に「侵蝕」してきた西側への警戒感が根強いとされるロシア人は、「西側に対する恨みで育まれた被害者意識の絆で結び付いている」と米紙ニューヨーク・タイムズは指摘している。

セルビア人の対西側への反発はロシアへの手放しの「追随的態度」としても表れている。セルビアのタブロイド紙インフォーマーは二〇二二年二月、ロシア政府は「潔白」であり、「ウクライナがロシアを攻撃」との大見出しの記事を一面に掲載した。

一方、セルビアの煮え切らない態度はEU内で批判の的となっている。対ロ経済制裁への不参加について、ドイツのベアボック外相は「EUに加盟することは同じ立場を取るということだ」とクギを刺した。

ハンガリーは隣国ウクライナへのロシアの侵攻を非難する一方、欧州諸国の武器を自国経由でウクライナへ供与することは拒否。ハンガリー政府高官は「この戦争から距離を置きたい」と主張し、ウクライナへ武器を送れば同国西部にいるハンガリー系住民に危害が及ぶ可能性があると指摘して、兵器の自国領内通過を拒否する方針を強調した。

オルバーン政権は司法への介入やメディアの独立性の制限、難民への厳しい政策などをめぐってEUとの間で軋轢《あつれき》を生んでおり、EU関係者はオルバーン政権について「予測不可能であり、EUに突き刺さった棘《とげ》のようなものだ」と手厳しい。ウクライナのゼレンスキー大統領は、オルバーン首相のロシアに対する融和的な姿勢を批判し、「誰の味方に付くのか自らはっきりさせなければならない」と訴えた。

ロシアはセルビアとハンガリーの姿勢をどう見ているのだろうか。ロシアのプーチン大統領は、セルビアのブチッチ大統領とハンガリーのオルバーン首相に対し、選挙での勝利を受けて祝意を伝えた。ブチッチ大統領に対しては「ロシア人とセルビア人は兄弟のような国民」との見方を示し、オルバーン首相には「困難な国際情勢だが、一層の関係発展こそが両国の利益だ」と強調した。

ロシアのウクライナ侵攻に対しては、西側諸国はおおむね対ロ非難で一致しているが、セルビアやハンガリーのように、過去の歴史的経緯や地政学的理由などから明確な反対を打ち出せない国も欧州には存在することにはもっと注目すべきだろう。

旧ユーゴ諸国のEU加盟

旧ユーゴスラビア連邦を構成していた共和国、および隣接するアルバニアはいずれも強いEU志向を持っていたが、連邦が解体してから今まで実際にEUに加盟できたのはスロベニアとクロアチアだけだ。前者が二〇〇四年、後者が二〇一三年に加盟した。

かつてセルビアの自治州であったコソボについては、EU加盟国の中で国内問題を抱えるスペイン、キプロス、ギリシャ、スロバキア、ルーマニアの五カ国が独立を承認しておらず、EU加盟への道は遠い。コソボはセルビアのEU加盟に対しても妨げとなっている。セルビアもコソボの加盟を認めない姿勢を示しているが、EUはコソボとの和解を加盟の条件の一つとしている。

一方、ボスニア・ヘルツェゴビナは「潜在的加盟候補国」と位置付けられている。

二〇二二年後半のEU議長国チェコは、同年七月、北マケドニア、アルバニアの両国との加盟交渉入りについて全加盟国が同意したと発表した。EUは二〇二〇年三月、両国との加盟交渉入りを決めたが、ブルガリアが北マケドニアの言語や少数民族の扱いを理由に交渉入りを拒否。アルバニアとともに初会合が先送りされていた。北マケドニア議会は、ブルガリアとの対立解消に向けたフランスの仲裁案を承認し、ブルガリア系住民の存在を認める改憲を実施、必要だった全加盟国からの同意を得られた。ただ、加盟実現にはさらに数年要すると見られる。

なお、北マケドニアはEUやNATOへの加盟に向けてギリシャとの対立を解消するために、二〇一九年に国名を当時の「マケドニア」から変更している。

第三章　NATOのアフガン・ミッション

二〇〇一年九月一一日に米国を襲った同時多発テロを受けて、加盟国が米国を防衛するためのNATO条約第五条（集団的自衛権）が発動された。集団防衛のための同条項が発動されたのはNATO史上初めてだった。同時多発テロが誘発したアフガニスタン戦争とイラク戦争では、NATO諸国は現地の復興や治安維持のためのミッションを派遣した。

「世界が変わった日」

二〇〇一年九月一一日の朝、初秋のニューヨークの空は青く澄み渡っていた。ニューヨーク・マンハッタン島の近辺にはジョン・F・ケネディ、ラガーディア、ニューアークと主要な空港が三カ所あり、マンハッタン島の上空を大型航空機が行き交うことも珍しくはない。日系アメリカ人の建築家ミノル・ヤマサキが設計した、マンハッタンの象徴とも言われた一一〇階建てのツインタワー、世界貿易センタービルの北棟上部にボーイング767型機が衝突したのは現地時間午前八時四五分だった。ふらふらと飛んできて同ビルに突き刺さる感じだった。飛行機は乗員・乗客九二人のボストン発ロサンゼルス行きのアメリカン航空の11便。わずか一八分後の九時三分、ビル南棟上部にもボストン発ロサンゼルス行きのユナイテッド航空175便（乗員・乗客六五人）が突入した。二機目の衝突の模様はNHKの午後一〇時からのニュース番組で事実上、実況中継されたが、これを見ていた筆者は「テロ攻撃だ」と直感した。飛行機一機が操縦不能となり、高層ビルに衝突することはあり得るかもしれないが、ほとんど連続して、別の飛行機が隣接する別のビルに突っ込むことは人間の意志が介在しているに違いないと考えたからだ。

ハイジャックされた二機の衝突で、いずれも一一〇階建て、四〇〇メートルを超える二棟のビルとも一時間余りの間に全壊、黒煙を上げて炎上し、崩れ落ちる高層ビル、煙の中を逃げ惑う人々がテレビ画面に映し出された。旅客機二機分のジェット燃料が燃え続けるなどした破壊のエネルギーはすさまじく、周辺のビル約一〇棟も全半壊した。

衝撃が冷めやらぬ午前九時三八分、今度は首都ワシントンにある米軍事政策の心臓部、国防総省ビル（ペンタゴン）にもワシントン発ロサンゼルス行きのアメリカン航空77便（乗員・乗客六四人）が突っ込み、堅固な五角形の建物の一部が破壊された。

さらにニューアーク空港から飛び立ったサンフランシスコ行きユナイテッド航空93便（乗員・乗客四四人）も乗っ取られ、ペンシルベニア州ピッツバーグ郊外で一〇時ごろ墜落した。機内で乗っ取り犯人と乗客が格闘した末、乗客が一人「処刑された」ことが後で回収されたフライト・レコーダーから分かった。犯人はワシントンのホワイトハウス突入を狙っていたのではないかとみられている。

民間航空機四機をほぼ同時に乗っ取り、米中枢を標的にした前代未聞の無差別テロの犠牲者は三〇〇〇人以上に上った。邦銀駐在員などを中心に日本人犠牲者も二四人に及んだ。米連邦捜査局（FBI）が九月一四日に氏名を公表した容疑者は一四人。いずれもサウジアラビアやエジプトなどアラブ諸国出身のイスラム教徒の若い男性で、到着後に逃走を図る通常のハイジャックとは違い、最初から自爆覚悟のテロだった。

9・11米同時多発テロは、冷戦終結後の世界で唯一の超大国となった米国が、その足場を脅かされ、「二一世紀型の戦争」とも呼ばれる対テロ戦争を本格的に開始するきっかけとなった、大きな転機を画する事件だった。

同時多発テロの遠因として米国の中東政策が挙げられる。アラブ諸国では米国が支援するユダヤ教国家イスラエルのパレスチナ占領に対する反感が高まっていた。米国が一九九一年の湾岸戦争後に主導した中東和平プロセスは暗礁に乗り上げ、二〇〇〇年秋からイスラエル軍とアラブ系パレスチナ住民の流血の衝突が再燃。クリントン大統領は仲介の努力を続けたが、歴代米政権のイスラエル寄りの姿勢から抜け出せず、ブッシュ大統領もイスラエルの右派シャロン首相によるパレスチナ人弾圧政策を見過ごしていた。

同時多発テロを主導したとされるテロ組織「アルカイダ」のウサマ・ビン・ラディンは、アラブ世界での不満を利用して反米テロを煽動するとともに、湾岸戦争以降、イスラム教の二大聖地メッカとメジナのある祖国サウジアラビアに「異教徒」米軍が駐屯していることとに宗教的嫌悪感を募らせた。一九九六年、「二大聖地を占領する米国への宣戦布告」を出し、一九九八年二月にはエジプトやパキスタンのイスラム過激派と「ユダヤと十字軍に対する聖戦のための国際イスラム戦線」を結成して、米国人殺害を呼びかけた。

クリントン元大統領は米ニューズウィーク誌（二〇〇二年四月一日発行）のインタビューで、大統領在任中にビン・ラディンの殺害を何度も試みたが、その周辺に大勢いた子どもや女性らも同時に殺害すれば米国の国益を大きく損なうと判断、本格的な作戦を断念したと述べた。米軍は一九九八年、アフリカの米大使館の連続爆破事件の報復としてアフガニスタンのビン・ラディンの拠点を巡航ミサイルで攻撃したが、攻撃の数時間前にビン・ラディンは「脱出していた」とクリントンは明かした。

同時多発テロは米国が主導する「グローバル化」への批判、と受け止める向きもあった。ただ、中長期的にはグローバル化をさらに進めなければ、問題の根にある貧困を断つことはできないのも事実だろう。

いずれにしても9・11テロは、英エコノミスト誌が指摘するように「世界が変わった日」（The day the world changed）であり、米国が事実上唯一の超大国として君臨してきた「ポスト冷戦時代」の終焉を告げるものであった。

一方的な対アフガニスタン戦争

米英両国の軍隊は同時多発テロから一カ月足らずの一〇月七日（現地時間）、ビン・ラディンが潜むアフガニスタンへの武力攻撃を開始した。米軍はカブール、カンダハル、ヘラート、ジャララバード、マザリシャリフなど、主要都市のイスラム原理主義組織タリバンの軍事施設やアルカイダの基地に向けて、空爆や巡航ミサイルによるピンポイント攻撃を連日展開した。戦術核並みの破壊力があるとされる重量六・八トンの大型爆弾や、地中に設けられた塹壕《ざんごう》などを破壊するレーザー誘導の特殊爆弾「バンカーバスター」などの最新兵器も投入した。アフガン領内にも特殊部隊を投入し、反タリバン勢力の北部同盟をサポートしながら、タリバン政権を攻撃した。

タリバン軍とアルカイダの部隊は合わせて推計五万人、一方、同盟軍は一万五〇〇〇人。当初はタリバン側が抵抗し、紛争の泥沼化を懸念する声も聞かれた。タリバン最高指導者のオマル師は「徹底抗戦」を主張、ビン・ラディンもビデオ演説で全世界のイスラム教徒に対し、「反米聖戦」に決起するよう訴えた。

しかし、米軍はB52戦略爆撃機を投入して、タリバン軍の前線部隊に執拗な絨毯《じゅうたん》爆撃を行った。米軍の支援を受けた北部同盟は、北部の戦略的要衝マザリシャリフを激しい攻防の末に一一月九日に奪還、これが戦局の重大な転機となった。

空爆で指揮系統が混乱し、脱走兵も増加したタリバン軍は西部のヘラートやカブールから敗走。北部同盟は空爆開始から一カ月以上たった一一月一三日、カブールに無血入城した。

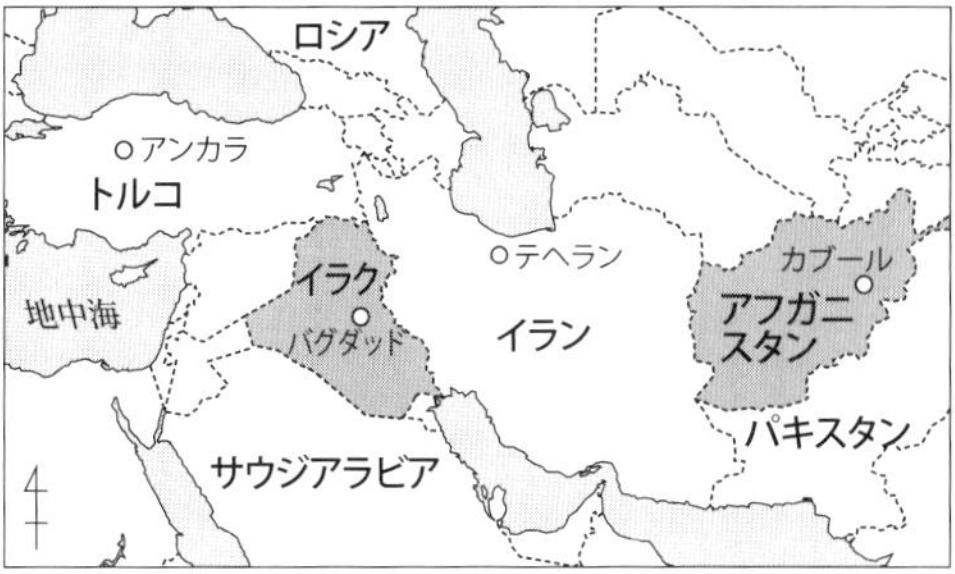

イラクとアフガニスタンの位置

その後北部同盟は北部、東部、西部を次々に制圧。タリバンは本拠地の南部カンダハルに立てこもって抵抗したが、一二月六日、地元部族勢力と、カンダハルの明け渡しで合意した。オマル師らは山岳地帯に逃れ、タリバン政権は米軍の空爆開始からほぼ二カ月で崩壊した。

米英軍の攻撃に対して、世界約八〇カ国が支持、ないし理解を表明し、広範な反テロ連合が構築された。とりわけロシアは米軍機の領空通過許可など五項目の対米支援を発表し、米国に全面協力の姿勢を示すなど国際環境の枠組みが大きく変化した。日本は自衛隊機を後方支援に派遣するなど七項目のテロ対応措置を発表。訪米した小泉首相はブッシュ大統領と会談、対米支援を確約した。

しかし、米国内ではアフガニスタン武力攻撃を非難する声も聞かれた。マサチューセッツ工科大学のノーム・チョムスキー教授は、日本経済新聞のインタビュー（二〇〇二年八月二日付）で、「アフガニスタンでは（タリバンなど）まったくと言っていいほど防御力のない相手を、国際的に通用する証拠も提示せずに叩きつぶした。驚くべきことに攻撃開始当初、軍事専門家の中には核兵器を使わないとこの戦いは失敗に終わるとの意見すらあった。そんな権利が米国にあるのだろうか」と懸念を呈した。

アフガニスタンで戦いが続く中、アフガン四派による暫定政権樹立のための国連協議がドイツのボン郊外で開幕、新政権の枠組みについて国連案を基に討議が始まった。協議に参加したのは国連のほかに、アフガン側から①北部同盟、②ザヒル・シャー元国王派、③パシュトン人勢力、④親イラン勢力の各派である。協議では、四派が暫定政権の「内閣」となる暫定行政機構の閣僚数の配分などをめぐり対立するなど曲折を経たが、一二月五日、暫定政権が半年以内に緊急ロヤ・ジルガ（国民大会議）を招集し、新たに移行政権を発足させることで合意した。

そして一二月二二日、反タリバン勢力で首都カブールを制圧し、発言力を増した北部同盟を中核とした暫定行政機構が国連の支援下で樹立され、新しい国作りが始まった。同月には暫定行政機構議長にハミド・カルザイが就任。その後、民主憲法の制定や約三〇〇万人の難民の帰還などの実績を挙げ、新生アフガンの顔として圧倒的な知名度を得た。そうした知名度を生かして、カルザイは二〇〇四年一〇月に行われた大統領選挙では過半数を獲得して当選した。治安面で下支えをする米国を後ろ盾に、主として各国から復興援助を取り付けたことも幅広い支持につながった。ただ、新体制は帰還難民の受け入れの促進をはじめ、破壊された住宅や道路、農地の再建、電力・水道の復旧、立ち遅れた教育・医療の改善、女性の地位向上と、多くの課題に直面していた。

国際治安支援部隊

時計の針を戻し、同時多発テロ直後のNATOの対応をもう少し詳しく見てみよう。国際テロ組織アルカイダによる米中枢部への攻撃は、それまで想定されていた国家間の戦争ではなく、国家対テロ集団という非対称形の「新たな脅威」を国際関係にもたらした。NATOの反応は素早く、北大西洋理事会は二〇〇一年一〇月二日、NATO条約第五条によって対処される事態であることをNATO史上初めて宣言した。

英独仏などNATO欧州諸国の首脳は事件直後から次々に訪米し、米国への最大限の協力を表明した。特に、NATOの統合軍事機構から脱退し、独自路線を貫いてきたフランスのシラク大統領がニューヨークを訪問し、対米協力を約束したことは米欧防衛関係における協力の密接化を予感させるものだった。

しかし、そうした展開とはならなかった。米国は欧州諸国の姿勢に感謝しつつ、アルカイダとそれをかくまうタリバンに対する空爆を中心とする戦いをNATO主体の作戦とするのではなく、米軍中心の「有志連合（Coalition of the Willing）」とする形を取った。この背景にはボスニアとコソボの両紛争で露呈した米軍とNATO加盟欧州諸国の軍隊の軍事能力格差がある。米国はNATO加盟欧州諸国の軍事能力が劣る状況では、効率的な空爆作戦は実施できないと判断したと見られる。

アフガニスタンの新政権を支援する目的で設立された国際治安支援部隊（ISAF）は当初、有志国の集まりから成る多国籍軍により構成されていたが、二〇〇三年八月にNATOに移管された。NATOの危機管理活動に関する地理的範囲は、二〇〇二年五月のレイキャビク首脳会議で定められた「部隊を必要とされるところであれば、どこであれ迅速に派遣できるようにしなければならない」（会議コミュニケ）に準じることとなった。

二〇〇六年八月にはISAFの活動範囲はアフガン全土に拡張され、米国主導の有志連合と作戦（「不朽の自由作戦」）上連携することとなった。ISAFの任務は、アフガニスタン当局者、および特に人道・復興支援に従事する国連要員やその他の国際文民要員らが安全な環境で活動できるよう、国内の治安維持について同国政府を支援することであった。

具体的には、パトロール、治安維持活動や国軍・警察等の治安維持部隊の訓練、民軍協力（Civil-Military Cooperation）プロジェクトの調整、アフガニスタン治安部門の改革、麻薬対策などである。

ＩＳＡＦにはＮＡＴＯ加盟国を中心に四〇カ国以上が参加し、参加人員は約一〇万人。非ＮＡＴＯ加盟国の参加国は、オーストリア、フィンランド、アゼルバイジャン、ボスニア・ヘルツェゴビナ、オーストラリア、ニュージーランド、シンガポールなどが含まれる。日本はＩＳＡＦを展開するＮＡＴＯに対して財政支援や人員派遣などを行った。

ＩＳＡＦは二〇一四年末任務を終了し、アフガニスタン政府へ治安権限を委譲した。

イラク戦争と戦後処理の「壁」

イラク戦争は、イラクの大量破壊兵器の保有を疑う米国が、英国とともに、国連安全保障理事会のお墨付きなしに開始した。大規模な戦闘は、圧倒的な米軍のパワーを背景に二カ月足らずで終結したが、戦闘後のイラクの治安維持や同国に対する復興支援には米国以外のＮＡＴＯ諸国が広範に関与した。

ブッシュ政権の対テロ戦争の「本丸」はイラク・フセイン政権だった。ブッシュ大統領は「最大の恐怖は、ならず者国家がテロリストに大量殺戮の技術を与えることだ。アルカイダのテロリストがイラクにいる」（二〇〇二年九月の国連総会演説）と警告。「封じ込めと抑止」を柱としていた従来の米国の安全保障戦略を転換し、「ならず者国家」には単独で先制攻撃も辞さない方針を打ち出した。

ただ、米国は最初から国連を無視していたのではなかった。国連安保理は米国の圧力で二〇〇二年一一月、イラクが大量破壊兵器を即時、完全な廃棄を行わなければ「深刻な結果を招く」とする決議を採択。国連監視検証査察委員会（UNMOVIC）と国際原子力機関（IAEA）で査察を開始した。しかし、米政府はフセイン政権が兵器の廃棄に応じていないとして、英国、スペインとともに二〇〇三年三月七日、安保理に武力行使容認決議を要求。フランス、ロシアなどの反対で採決が困難になると、決議抜きで攻撃に踏み切る方針を固めた。国連での対イラク武力行使決議に反対するフランスやドイツなどを、米国は「古い欧州」と揶揄。一方、米国に賛成するポーランドをはじめとする東欧諸国を「新しい欧州」と持ち上げてみせた。

フランスが武力行使に反対したのは、パレスチナ問題という火薬庫を抱えている中東地域に新たな混乱要因を招くうえ、依然として世界への重大な脅威であるテロに、火に油を注ぐことになるからだ。国内に五〇〇万人のイスラム系住民を抱えるフランスは、イスラムとの全面衝突は避けねばならなかった。また、一部の消息筋はシラク大統領とフセイン・イラク大統領との関係を指摘する。シラク大統領は首相時代、二度イラクを訪問。ミラージュ戦闘機や原発の売買契約を取りまとめ、フセイン大統領と個人的に気が合うとの情報もあった。

ブッシュは三月一七日、フセインとその息子二人に、四八時間以内に国外に亡命するよう最後通告を出し、これをイラク側が拒否したため、開戦は不可避となった。イラク周辺のペルシャ湾岸には開戦直後、約二八万人の米英軍が集結した。

地上戦を後回しにした一九九一年の湾岸戦争とは異なり、米英軍は開戦初日から空爆と並行してイラク南部の地上侵攻作戦を開始、北部でも三月二五日に米軍空挺部隊が地上戦に着手した。

米軍は南部の都市バスラやナシリヤ付近でフセイン政権の民兵組織「サダム・フェダイーン」などの抵抗に遭い、一時は補給路分断の危険にも直面したが、四月二日にはイラク軍の精鋭「共和国防衛隊」をバグダッド南方約八〇キロのカルバラ付近で撃破、四日にはバグダッド郊外の国際空港を制圧し、五日にバグダッドに突入、七日には市中心部の大統領宮殿二つを占拠した。イラク軍は首都攻防を前に統制を失い、圧倒的な軍事力の格差を目の当たりにして総崩れ状態となった。

四月九日、フセイン大統領の銅像が米海兵隊の戦車部隊と市民によって引き倒され、四半世紀にわたる独裁体制はついに崩壊した。

米軍はさらにキルクーク、モスル、そしてフセインの故郷ティクリットなど北部の要衝を四月半ばまでに制圧するとともに、フセイン政権幹部五五人を指名手配し、次々に拘束した。ブッシュは五月一日、戦争の勝利と主要な戦闘の終結宣言をした。

このイラク戦争で米英が使用した爆弾やミサイルは約三万発。うち、レーザー誘導爆弾など精密誘導兵器は七〇%を占め、湾岸戦争時の一〇%から大幅に上昇した。高性能のハイテク兵器を駆使した「衝撃と恐怖作戦」は、軍事面での圧倒的な米国の力を見せつけた。

イラク戦争での戦闘による死者は、開戦から大規模戦闘終結宣言までの間、米兵一一五人、英兵八人、イラク人の死者は五〇〇〇～六〇〇〇人と見られている。

多難な戦後復興

しかし大規模戦闘の終結後、米国は第二の「ベトナム化」のリスクに直面していた。そもそも「戦争の大義」が不透明で、この戦争は不必要だったのではないかとの疑問も出た。さらに米軍の懸命の捜索にもかかわらず、大量破壊兵器は発見されず、ブッシュ政権が掲げた戦争の大義は大きく揺れた。

イラクで大量破壊兵器の捜索に当たってきた米国調査団のケイ団長（CIA特別顧問）

は一〇月二日、それまでの捜索で「実物の大量破壊兵器」は発見されなかったと発表した。ケイは二〇〇四年一月二三日に辞任したが、ロイター通信に対し、「一九九〇年代半ば以降、大量破壊兵器が大量に備蓄されていたとは思えない」と述べた。

パウエル米国務長官は二〇〇四年九月、上院公聴会でイラク開戦の根拠とされた大量破壊兵器の存在について「いかなる備蓄も発見されなかった。今後も発見されることはなかろう」と述べ、この戦争の大義についての疑念はますます深まった。

大規模戦闘終結宣言の段階では約一五万人の米軍が駐留、米国主導の連合国暫定当局が占領統治を行い、二〇〇三年七月一三日、イラク人の暫定統治機関、統治評議会が発足した。しかし、駐留米軍への襲撃や爆弾攻撃などが激化、治安悪化に歯止めがかからなかった。治安悪化を招いている勢力として、英国のブレア首相は、旧フセイン政権残党、アルカイダ・テロリスト、シーア派強硬派宗教指導者サドル師グループの三者を挙げた。社会インフラも荒廃したままで、働き口もままならない中、イラク人の間では米英を「残虐なフセイン政権からの解放者」ではなく、「占領者」「抑圧者」と見る者が増えてきた。占領米軍によるバグダッド郊外のアグブレイブ収容所でのイラク人捕虜虐待が二〇〇四年に明るみに出たことは、こうした反米感情に火を付けた。

国連のアナン事務総長は、米ブッシュ政権によるイラク攻撃について「国連憲章違反」

だと繰り返し明言した。国連憲章は安保理の承認なしで、地域的な集団安全保障機構が武力行使をすることを禁じており、「憲章違反」発言はこれを根拠にしている。

イラクには、米英のほかにNATO加盟のイタリア、スペイン、オランダや、NATO非加盟の韓国、オーストラリア、ニュージーランド、タイ、フィリピンなどアジア太平洋諸国を含む三五カ国が軍隊を派遣し、復興プロセスに貢献した。治安維持のための政治プロセス、復興プロセスに関しては、中北部を米国、南部を英国、その間に挟まれた中南部地域をポーランドが管理責任を負った。

二〇〇三年一〇月二三、二四両日にはイラク復興国際会議が、七三カ国、二〇の国際機関、一三の非政府組織（NGO）が参加して、スペインのマドリードで開催された。イラクを破綻国家にしてはならないとの共通認識の下、二〇〇七年末までに総額三三〇億ドル以上の資金供与約束がなされた。加えて輸出信用、研修、技術協力、物資協力などの支援も表明された。

米国は「大中東民主化構想」をトーンダウン

「対テロ戦争」の一環としての米国のイラク介入を理論的に支えていたのは、米国内のいわゆるネオ・コンサーバティブ（新保守主義、ネオコン）のグループだった。ネオコンが台頭するきっかけとなったのは、もちろん二〇〇一年の9・11同時多発テロである。ウルフォウィッツ国防副長官やパール元国防政策委員長、ファイス国防次官らネオコンは、戦争という手段に訴えてでも、民主主義と経済自由主義を世界に広める、それは超大国としての歴史的な使命なのだと主張、テロが後を絶たないのは中東各国の体制が独裁的であり、民衆の不満が募っているためだとしている。

しかし、二〇〇四年六月に米ジョージア州シーアイランドで開かれた主要八カ国首脳会議（G8サミット）では、「大中東民主化構想」をトーンダウンする形で「拡大中東・北アフリカ地域とのパートナーシップ（拡大中東構想）」が採択された。大中東民主化構想に対しては中東諸国から批判が出たため、各国が自ら行う改革をG8が支援するという形に改められた。

米国によるイラク関与の背景には、石油利権が絡んでいるとの見方もくすぶっている。イラクはサウジアラビアに次いで世界第二位の原油埋蔵量を誇り、生産量も戦争で荒廃した石油設備が回復すれば、日量八〇〇万バレルに達する可能性（戦争前は二五〇万バレルで、サウジアラビアは戦争後八〇〇万バレル）もあるという。ブッシュ大統領、チェイニー副大統領、ライス大統領補佐官（安全保障担当）は米国内石油産業との結び付きが強いと言われ、一方、フランスやロシア、中国が米国のイラク攻撃に反対したのは、旧フセイン政権と油田開発で取り決めを結んでいたからだとの説もある。

米国は治安の極度の悪化を受けてイラク長期占領方針を転換し、イラク人への権力委譲を加速させることにした。二〇〇四年六月には暫定政権を発足させ、連合国暫定政府を解散させた。その後二〇〇五年一月には国民議会選挙を行い、新政府を誕生させた。しかし、イラクの治安は一向に安定せず、米国内では米軍撤退を求める声が野党・民主党を中心に強まった。

しかし、二期目に入ったブッシュ大統領は逆に二〇〇七年二月以降に二万八〇〇〇人超を増派した。これによって爆発物や過激派の流入が難しくなった首都バグダッドでは、同年半ば以降、テロの件数や犠牲者は減少した。

ブッシュ大統領は二〇〇七年九月のテレビ演説で、治安確保やイラク部隊の治安維持活動準備で目標が達成されたとして、二〇〇八年夏までにイラク駐留の米軍兵士を限定的に削減する方針を表明した。しかし、これは増派前の水準、約一三万人に戻すに過ぎず、大規模な撤退を拒否する姿勢を示した。撤退問題は次期オバマ政権の課題となった。

ブッシュ政権はイラク国民との和解と米軍撤退という「出口戦略」のシナリオを描き切れなかった。同政権が、米軍撤退によってイラクが本格的な内戦に陥り、破綻国家となってテロリストの巣窟になるのではないかと危惧していたからである。

イスラム国

欧州におけるテロは、イスラム過激思想に感化された欧州出身の若者によるものが多い。国際テロ組織「イスラム国（Islamic State＝ＩＳ）」の戦闘員になった欧州出身の若者は三〇〇〇人以上に上るという。二〇一五年一一月にパリで起きた連続テロ事件では、サッカー・スタジアムやコンサート・ホールの観客、カフェのテラス席の客ら一〇〇人以上が犠牲となり、世界に衝撃を与えた。ドイツや英国、イタリアなどでも、自爆テロをはじめとするさまざまな規模のテロ事件が頻発した。

ＩＳは、イラクの旧フセイン政権の残党らが結成し、拠点をイラクとシリアに置いて残忍なテロを繰り返すようになった組織である。

欧州は突然、深刻なテロの脅威に直面するようになった。欧州で連続テロへの対応を主として担ったのは各国警察に加えてＥＵであった。ＥＵは包括的対策として、①域内市民の安全確保、②若者の過激化防止、③国際協力、の三本柱を打ち出した。しかし、これらは一時的な応急処置であり、地域紛争、貧富の格差の拡大、武器の拡散、国家の破綻などテロを生み出す「土壌」に関連する深刻な問題に、根本的には取り組む必要がある。テロ対策の過程では、ＥＵはシェンゲン協定（欧州諸国間で出入国審査なしに自由に国境を越えることを認める協定）下における移動の自由と、国境などにおける警備の強化をどうやって両立させるかという問題にも対処しなければならない。

こうした中で、NATOはテロとの戦いにどのようなかかわり方をしているだろうか。対テロ作戦では米国主導の有志連合への参加を表明したが、このことでも分かるように、NATOは対テロ作戦では前面に出ないで、あくまでも米国を支える脇役的存在だ。ただ、欧州のNATO加盟国の中でも、ドイツやフランスなどは将来的な軍事作戦への発展を警戒しているようだ。NATOのストルテンベルグ事務総長はこの点に配慮して、「NATOが軍事作戦に携わることにはならない」と述べ、有志連合メンバーとの情報共有の支援や空中給油などを柱に支援拡大を進める考えを表明した。

ISについてはその後、イラクやシリアでの勢力は衰えたが、アフリカでは勢力を拡大し、米軍撤退後のアフガニスタンでもタリバン政権に対する攻撃を繰り返している。

テロとの戦いでは難民問題、開発問題、貧困問題なども絡み合っており、その解決は一筋縄ではいかない。かと言って、欧州文明対イスラム文明という枠組みを設定して対処するのは「偏見を助長する」危険性を伴う。

米軍のアフガン撤退、イラクでの任務完了

米国ではバイデン政権が発足して以来、「競合国」中国を意識してか、アジア太平洋地域への関与が強まる一方、「中東離れ」が目立ってきた。二〇年以上にわたってアフガニスタンで展開してきた軍事作戦は「米史上最長の戦争」と呼ばれてきたが、二〇二一年八月末、撤退を完了した。イラクでは二〇〇三年のイラク戦争以来、一時的な撤退はあったものの駐留を続けてきたが、こちらも二〇二一年一二月、戦闘任務の完了を宣言した。アフガニスタンからの米軍撤退はドラマチックとも言える展開だった。

米国は同時多発テロ後の二〇〇一年一〇月、アルカイダをかくまっているとしてタリバン政権への攻撃を開始、二カ月後に同政権は崩壊した。米軍はその後もアフガニスタンに駐留を続け、対テロ作戦を推し進めた。そうした中で、タリバンは息を吹き返し、戦闘は激化。米国内では長引く戦争に撤退を求める声が高まった。トランプ政権に引き続き、バイデン政権も二〇二一年四月、米軍撤退を確約。八月中旬にはタリバンがアフガニスタンの首都カブールを制圧、米国が支援するアフガニスタン政府は崩壊したが、バイデン政権は撤退方針を変えなかった。

撤退はタリバン兵士が監視する中、米軍機や欧州各国軍の軍用機を使って、カブール国際空港を主舞台として行われた。ＩＳによるテロ攻撃などもあったが、撤退作戦は実行された。撤退作戦を指揮した米中央軍のマッケンジー司令官は八月三〇日、オンラインでの記者会見で、最後の米軍輸送機Ｃ17がカブール国際空港を離陸したと表明、作戦の完了を確認した。離陸は現地時間で撤退期限の一分前だった。

イラクへの軍事的関与の終了は、アフガニスタンからの撤退をめぐる混乱を意識してか、混乱回避の意図が透けて見えた。二〇〇三年のイラク戦争後、旧フセイン政権の残党などを掃討するため米軍駐留が続いていたが、米国内世論への配慮などもあって、いったん撤兵。その後、二〇一四年には過激派組織ＩＳ掃討のため再派兵していた。

米軍は二〇二一年一二月九日、イラクの駐留米軍による戦闘任務を完了したと発表した。約二五〇〇人の駐留米軍は撤退せず、イラク軍への支援や助言、訓練などに従事する。ただ、イラクではＩＳによるテロや襲撃が依然として頻発しており、イラクの軍や警察が自立した形で治安を維持していけるかどうか不透明だ。

第四章　NATOの拡大

冷戦期の拡大

本章ではNATOの冷戦期における拡大を概観した後、冷戦後の東方拡大を見ていく。

NATOは一九四九年四月、米国およびカナダと欧州一〇ヵ国で発足した。一九五二年には戦後の政治的混乱が収まったギリシャと、ソ連の直接的脅威にさらされていたトルコが加盟した。一九五五年には西ドイツが再軍備のうえで加盟した。ナチス・ドイツの記憶が色濃く残る中で、ソ連の脅威に対処するためには、西ドイツの加盟は戦略的に重要だった。

一九六〇、七〇年代は東西の緊張緩和（デタント）が進む中でNATOの拡大はなかった。その後、一九八二年には独裁者フランコ将軍の死後、政治的混乱を乗り切り、議会制民主主義の道を歩み出したスペインが加盟した。

NATOの第一次東方拡大

これまで述べたように、NATOは冷戦時代における西側の対ソ集団防衛機構として発足し、冷戦終結までその性格は変わらなかった。

冷戦が終わってから、西側はソ連を継承したロシアと、NATOロシア協力理事会などの協議の場を設けたり、「平和のためのパートナーシップ（PfP）」協定を締結したりし

NATO拡大の歩み

年	事項
1949	北大西洋条約発効
1952	ギリシャ、トルコ、NATO加盟
1955	西独、NATO加盟 ワルシャワ条約機構成立（アルバニア、ブルガリア、チェコスロバキア、東独、ハンガリー、ルーマニア、ポーランド、ソ連）
1982	スペイン、NATO加盟
1990	両独再統一
1991	ワルシャワ条約機構の正式解体 ソ連崩壊
1999	チェコ、ポーランド、ハンガリー、NATO加盟
2004	ブルガリア、エストニア、ラトビア、リトアニア、スロバキア、スロベニア、ルーマニア、NATO加盟
2009	アルバニア、クロアチア、NATO加盟
2017	モンテネグロ、NATO加盟
2020	北マケドニア、NATO加盟
2022	NATO首脳会議（マドリード）、フィンランド、スウェーデンの加盟承認

て、友好関係を構築。一時は「冷たい関係」への後戻りはないように思われた。

しかし、ソ連時代の圧政、武力を含む弾圧の記憶が消え去らず、ソ連の継承国家ロシアへの警戒心がくすぶる東欧、旧ソ連諸国、旧ユーゴスラビア諸国は、自国の安全保障を確実なものにするため、西側軍事同盟のNATOへの加盟を希求した。

東側諸国のNATO加盟にはこれまで「三つの波」があった。

まず一九九九年三月にチェコ、ポーランド、ハンガリーが、続いて二〇〇四年にはブルガリア、エストニア、ラトビア、リトアニア、スロバキア、スロベニア、ルーマニアの七カ国が、二〇〇九年四月にはアルバニアとクロアチアがNATOに加盟した。さらに二〇一七年にはモンテネグロが、二〇二〇年には北マケドニアが加盟、現在、三〇カ国体制となっている。フィンランドとスウェーデンは二〇二二年六月のマドリード首脳会議でNATO加盟が承認され、本稿執筆時点では批准プロセスの完了待ちとなっている。

このほかに現在、ボスニア・ヘルツェゴビナ、コソボ、ジョージア、ウクライナがNATO加盟を希望しているとされている。さらにオーストリア、アイルランド、マルタ、モルドバ、セルビアではNATO加盟問題が議論の対象となっている。

このようにNATOの東方拡大は着実に進んでおり、ロシアの警戒感を高めている。こうした中で、ロシアのウクライナ侵攻は、北欧のフィンランドとスウェーデンの加盟決断と北方拡大という「瓢箪から駒」の状況を生み出した。ウクライナのNATO加盟問題と北方拡大については第六章で詳述する。

まず、第一次東方拡大でNATO入りしたチェコ、ハンガリー、ポーランドの三カ国のそれぞれの略史を描いてみよう。

チェコ

九世紀に大モラビア帝国が成立し、チェコ、スロバキアの両民族の統一国家が形成されたが、その後、スロバキアはハンガリー支配下に。チェコではボヘミア王国が成立。一六二〇年からはオーストリア＝ハンガリー二重帝国の支配下に入る。第一次大戦後の一九一八年、チェコスロバキア共和国として独立。西欧型民主主義の体制が確立した。しかし、ズデーテン地方にドイツ系三〇〇万人が居住することを理由に一九三八年、ナチス・ドイツが同地域の割譲を要求。同年に英独仏伊の四カ国が結んだミュンヘン協定による融和政策に基づき割譲が認められた。第二次大戦後は従来の領土を回復したが、一九四六年の総選挙で共産党が第一党となり、チェコスロバキア人民共和国が成立した。その後、一九六八年の「プラハの春」を経て、一九八九年のベルリンの壁崩壊後の「ビロード革命」で共産党政権は崩壊した。

ハンガリー

一三世紀にはモンゴル人の襲来、一六世紀にはオスマン・トルコの支配を受けたが、一六九九年からオーストリア・ハプスブルク家の支配下に。民族主義の高まりの中で、一八六七年にオーストリア＝ハンガリー二重帝国となったが、第一次大戦後に独立を果たした。しかし旧領土の大半を失い、一九二〇年に誕生したホルティ摂政によるハンガリー王国は第二次大戦で枢軸国側に付き、ソ連軍に占領された。一九四六年に発足した共和国では共産勢力が権力を掌握。一九五六年のハンガリー事件を経て、一九九〇年に自由選挙で平和裡に民主化を果たした。

ポーランド

六世紀ごろまでにスラブ人が定住。九六六年にピャスト朝がキリスト教に改宗し、ポーランド公国を建国した。その後、領土は分割されたが、一四世紀末にはヤギエウォ王朝が成立し、ポーランド＝リトアニア王国を築き、領土は黒海にまで及んだ。しかし、一八世紀末には三次にわたるポーランド分割で国家は消滅、一八一五年のウィーン会議で、ロシア支配下入りが決まった。第一次大戦とロシア革命で、一九一八年には共和国として独立を果したが、一九三九年にはソ連とナチス・ドイツにより分割、侵攻された。戦後は、ソ連の占領下で社会主義国として再独立したが、一九八九年にはソ連・東欧圏で初の自由選挙を実施、自主管理労組「連帯」を中心とする政権が成立した。

チェコ、ハンガリー、ポーランドの東欧三カ国は欧州の近現代で苦難の道を歩んできた。第二次大戦中、東欧諸国はチェコやポーランドのようにドイツに占領されるか、ハンガリーのように従属国として、枢軸国陣営の一員として参戦を余儀なくされた。大戦の終結により、ドイツから解放されたものの、米ソ対立が激化する中、ソ連陣営ではソ連の最高指導者スターリンが、モスクワ帰りの小スターリンとも言うべき、自らの息のかかった共産主義者を利用して東欧三カ国で社会主義体制を成立させた。

スターリンの死後、ハンガリー、チェコスロバキア、ポーランドではそれぞれ、一九五六年、一九六八年、一九八〇～八一年に対ソ従属からの脱却、政治的な民主化、自由化を目指す改革の動きが生じた。しかしソ連は、東欧の自立化につながる試みを軍事介入も含めた強硬な手段で阻止した。

ハンガリーの国際政治学者バログは、ハンガリーを含む東欧三カ国における潜在的な脅威として、①ロシア情勢の不確かさ、②旧ユーゴスラビアでの紛争と民族浄化、③少数民族をめぐる紛争、を挙げた。③に関しては、二〇〇万人を超えるハンガリー系少数民族が住むルーマニア、スロバキア、ユーゴスラビア、ウクライナの動向をハンガリーは無視できないという事情がある。

東欧三カ国は「欧州への回帰」を目指している。「欧州化」とは「近代化」であり、東欧諸国は社会主義によって欧州化＝近代化から切り離されてきた、と認識しているようだ。言い換えれば、これは西側の「モデル」の「東」への導入を意味する。

筆者も現場で取材した、一九九四年一月のブリュッセルNATO首脳会議に焦点を合わせてみよう。東西冷戦構造の崩壊により東欧では「安全保障の空白地帯」が生じたが、首脳会議ではポーランドなど東欧三カ国が求めるＮＡＴＯへの即時加盟をめぐる問題で慎重姿勢が目立ち、結論は出なかった。

ＮＡＴＯ首脳会議を控えて、ポーランドのワレサ大統領は「（ロシアの極右政党、自由民主党のジリノフスキー議長がロシアの拡張主義を唱えたことによる）ジリノフスキー現象はＮＡＴＯを早急に拡大させ、ロシアに東欧支配の夢を放棄させるメッセージを送る必要があることを示したものだ」と述べた。

一方ロシアは、「東欧のＮＡＴＯ加盟はロシアを孤立化させ、加盟が実現した場合には、ロシアを中心とする独自の軍事・政治同盟創設を検討せざるを得ない」と警告した。東欧三カ国がＮＡＴＯに加盟したのは、首脳会議から五年後の一九九九年だった。

冷戦後、ＮＡＴＯは東方拡大を通じて、ロシアの軍事面での潜在的な脅威に備えるだけでなく、議会制民主主義に基づく民主主義体制の定着による政治秩序の構築を欧州で進めてきた。ＮＡＴＯは軍事的集団防衛機構であるだけでなく、「価値共同体」の側面も有してきた。ＮＡＴＯの価値共同体としての側面は、ＥＵの基本理念とも呼応し、「自由で一体化した」欧州を築くために拡大を進めていくという、ＥＵの欧州統合の重要な路線とも軌を一にしている。

米国は東欧諸国のNATO加盟について、ロシアへの配慮から慎重であったが、ここでもう少し詳しく分析してみよう。

米国の消極姿勢の背景には、①もはや明確で強力な脅威は存在しない、②加盟国数の増加により、NATOの同盟としての凝集力、効率性が損なわれる、③新規加盟国の軍隊とNATO軍の相互運用性の確保に膨大なコストがかかる、④伝統的にロシアの勢力圏であった地域へのNATO拡大は、ロシアの安全保障上への危機感を必要以上に刺激する、⑤東欧の潜在的な民族紛争を同盟の中に抱え込むことになる、などの懸念があった。

しかし、加盟候補の三カ国の経済改革が比較的順調であったこと、ロシアについては一九九七年五月に常設合同理事会（NATO-Russia Permanent Joint Council）が設立されたこと、加盟候補国が三カ国に絞られ、加盟の影響が極小化されたことで、NATO拡大に懐疑的であった米国の姿勢も軟化した。

NATOとロシアは、合同理事会の設立を明記した一九九七年の政治基本文書の前文で、「NATOとロシアは互いに敵とみなさない」「安定的、平和的で分断のない欧州を建設し、共有する決意に実体を与える」と表明。合同理事会の協議対象分野には「欧州大西洋地域の安全保障に関わる協力プロジェクトの開拓、災害・テロ・麻薬対策」などが挙げられており、ロシア側の懸念に配慮したものとなっている。

一方ロシアは、NATOの軍事機構としての性格を弱め平和維持機能を重視した、より政治的な機構に移行させることを目指していた。カーネギー・モスクワセンターのドミトリー・トレニン研究員も「ロシアは今後、軍事的機能よりも、政治的機能に重点を置く」可能性に言及。さらに「ロシアがNATOに加盟することはないが、NATOとロシア、NATOと旧ソ連諸国がさまざまな協力関係を結び、最終的には包括的な欧州安保体制が構築される」との見方を示した。

こうした中で、東欧三カ国も環境整備を進め、三カ国は冷戦後の経済改革の進展でコストに関する懸念を和らげるとともに、PfPのプログラムを通じて軍改革を進め、NATO軍との軍事的な相互運用能力を向上させた。安全保障改革のためのPfPプログラムは、NATOが加盟候補国に一方的に押し付けるものではなく、まず共通の枠組み文書に署名したうえで、参加国がNATOに対して自らの希望と能力に応じたプログラムの提案文書を提出し、それに基づいてNATOと協議しながら、個別プログラムを作成する。PfPの具体的な内容を見てみると、NATOは領土、政治的独立、安全保障上で脅威を受けたPfP参加国と協議を行うとともに、国防予算の透明性確保、軍の文民統制促進、合同防衛計画の立案、合同訓練・軍事演習の実施、人道援助などを行うと決められている。

東欧三カ国はPfPの下でNATOの支援を受けながら、軍の相互運用能力を向上させた。この結果を踏まえて、一九九六年から小規模ではあるものの、ボスニア・ヘルツェゴビナでのNATO主導の平和維持活動に参加した。加盟希望国はNATOの庇護に甘んじるのではなく、わずかではあるが軍事的な貢献者であることを示したわけである。

一九九四年のブリュッセル首脳会議から一年半以上たった一九九五年九月、NATOは加盟希望国が達成するべき目標を明記した「NATO拡大研究（Study on Enlargement）」を発表した。加盟希望国はその中に掲げられた、①議会制民主主義の確立、②市場主義経済の発展、③軍に対する文民統制、④近隣諸国との民族問題の平和的解決、などの実現に全力で取り組んだ。その結果、例えば、ハンガリーにとって第一次世界大戦後からの懸案であった他国のハンガリー系少数民族問題をめぐり、ルーマニアとブルガリアとの間で少数民族の保護と国境線不可侵の原則を盛り込んだ協定を締結し、法的解決をみた。こうした点などを評価したNATOは、一九九七年五月のマドリード首脳会議でポーランド、チェコ、ハンガリーに対する加盟招請を決定し、その後二年足らずの交渉を経て、加盟が一九九九年三月に実現した。

第二次東方拡大

一九九九年四月にワシントンで開かれたNATO首脳会議では、さらなる拡大のためのガイドラインとも言うべき、「メンバーシップ・アクション・プラン（Membership Action Plan＝MAP）」を採択した。これは加盟を希望する国々が、政治・経済、軍事、予算、機密保持、法的側面の五つの分野において、詳細な達成目標からなる一年ごとの個別計画をクリアしたうえで、その達成状況について評価を受けるプログラムだ。言い換えれば、加盟希望国がNATOの支援を受けながら、加盟準備を進められるプログラムだ。

第二次東方拡大のカギを握るのは米国とロシアの意向だと見られていた。

ロシアは、第一次拡大の際に候補国に挙げられたルーマニアとスロバキアはもとより、NATOの東方拡大が冷戦期の非ソ連構成諸国どまりであれば受け入れるだろうと思われていた。だが第一次拡大を決定した一九九八年七月のマドリード首脳会議では一二カ国が加盟申請を行い、その中にはバルト三国も含まれていた。

ロシアはこうした動向に神経をとがらせていた。さらにNATOがセルビア空爆を強化すると、ロシアでは無力感の裏返しとしてNATOに対する反感がよみがえった。ロシアの諸政治勢力の間では、NATOに対する敵意さえ表明されるようになった。

一方、米国内の動向はどうであっただろうか。

二〇〇一年一月に発足したブッシュ政権はNATO拡大に熱心であった。ブッシュは同年六月、欧州歴訪中にポーランド・ワルシャワ大学で行った演説で、「すべての欧州の新しい民主主義国、バルト海から黒海までのすべての国は欧州の古い民主主義国と同じように欧州の機構に参加するチャンスを有するべきだ」と述べた。そのうえで、「加盟を希望し、責任を負担する用意のあるすべての民主主義国」へのNATO加盟支援を言明した。

第二次東方拡大では米議会内における反対論・懐疑論は、第一次拡大の時と比べてそれほど強くはなかった。この背景には、二〇〇一年の9・11同時多発テロを受けて、NATOが米国支援のためにNATO条約第五条を発動したこともあった。

同時多発テロが生み出した国際的な反テロ協調体制は、米ロ関係の大幅改善につながった。二〇〇二年五月、NATOとロシアは、国際テロや大量破壊兵器の拡散など二一世紀の脅威に共同で対処するために、従来の常設合同理事会を強化し、「NATOロシア理事会（NATO-Russia Council）」を設立した。米ロ関係の改善は、旧ソ連に属していたバルト三国のNATO加盟に道を開いた。

NATOは二〇〇二年一一月、プラハで開いた首脳会議で旧東側七カ国（ブルガリア、エストニア、ラトビア、リトアニア、スロバキア、スロベニア、ルーマニア）に対して加盟招請を行うことを決めた。これら七カ国は二〇〇四年三月、NATOに正式に加盟した。

NATOは引き続き門戸は開かれているとして、同年五月にイスタンブールで開かれた首脳会議で、アルバニアとクロアチアに対して加盟に向けての改革努力を促した。

第二陣でNATOに加盟した七カ国は、第一陣の三カ国と同様にNATOへの「貢献」の姿勢をさまざまな形で表した。ブッシュ政権のテロとの戦いへの政治的な支持表明や、平和構築段階でのボスニア、コソボ、アフガニスタン、イラクへの積極的な派兵を行った。これらの国は、イラク戦争開始の前月である二〇〇三年二月にリトアニアの首都ビリニュスで共同声明を発表し、イラクが大量破壊兵器を隠蔽している疑いが強いというパウエル米国務長官の国連安全保障理事会での報告に支持を表明した（パウエルの主張はその後、誤りであることが判明した。第三章参照）。

第二陣の七カ国は小規模ながらもすべてボスニア、コソボ、アフガニスタンに派兵した。七カ国はNATO加盟を、唯一の超大国である米国と同盟関係に入ることだととらえていたようだ。一方、米国にとってNATOの第二次東方拡大は、国際テロと戦う米国の政治的正当性を支持する政治的基盤の拡大という側面があった。

ここで七カ国の略史を見てみよう。

スロバキア

九世紀にチェコ、スロバキア両民族の統一国家大モラビア帝国が成立。その後、スロバキアはハンガリーの支配下に。オーストリア＝ハンガリー二重帝国が第一次世界大戦で崩壊すると、一九一八年にチェコスロバキア共和国として独立した。しかし、ナチス・ドイツが現在のチェコに当たるモラビア、ボヘミア両地方を保護領とすると、スロバキアはドイツの支持で独立し、チェコスロバキアは解体された。第二次世界大戦後は、ソ連の影響下で従来の領土を回復、一九四八年にチェコスロバキア人民共和国が成立した。一九六八年の「プラハの春」を主導したドゥプチェク共産党第一書記はスロバキア人。一九八九年の民主化後、東欧の民族主義の高まりの中で、一九九三年一月に国民投票を経て、平和裡にチェコスロバキアから独立した。

スロベニア

六世紀に南スラブ人が定住。七世紀に初のスロベニア人国家カランニア公国が成立し、バイエルン人、フランク王の支配下に入った後、神聖ローマ帝国に編入された。一二八二年にハプスブルク家の所領となった後、一九一八年までハプスブルク帝国領に属し、他の旧ユーゴスラビア諸国とは違い、ドイツ語圏、西欧圏に組み込まれた歴史を持つ。第一次世界大戦後はセルビア、クロアチアとともにユーゴスラビア王国を形成。第二次世界大戦後は、社会主義国となったユーゴに属した。一九九一年にユーゴからの独立を宣言。ユーゴ（セルビア軍）との約一〇日間の戦争を経て、一九九二年には国連に加盟した。

ルーマニア

二世紀にローマ属州ダキアとなる。三世紀のローマ撤退後は、ゴート人、フン族、ブルガル人などの支配が続き、一四世紀ごろには、トランシルバニアのワラキアとモルダビアは合併。その後一八八一年にルーマニア王国として独立を果たし、ハプスブルク家の支配下にあったトランシルバニアは第二次世界大戦後にルーマニアに併合された。同時に併合されたベッサラビアはソ連領となり、一九九一年にモルドバ共和国として独立した。ルーマニア王国は第二次世界大戦で枢軸国側に付いたが、ソ連による占領後、一九四七年にルーマニア人民共和国（のち社会主義共和国と改名）が成立した。一九八九年の民主化では、共産主義者で独裁体制を敷いていたチャウシェスク大統領が救国戦線に逮捕され、即刻処刑された。

ブルガリア

七世紀にアジア系のブルガル人が、スラブ人居住地域に侵入してブルガリア王国が成立。一四世紀末から一九世紀までオスマン・トルコの支配下に置かれた。一八七七〜七八年の露土戦争の後、自治権を獲得し、第三次ブルガリア王国が設立され、一九〇八年に独立宣言を行った。第二次世界大戦では枢軸国側に加わって参戦したが、一九四四年にはソ連の軍事侵攻とともに共産党中心の政権が誕生したため、国王シメオン二世は亡命し、一九四六年にブルガリア人民共和国が成立した。共産党政権時代はジフコフ第一書記が三五年にわたり独裁体制を敷いたが、一九九〇年には複数政党制となり、ブルガリア共和国に移行した。

エストニア

中世以来、近隣各国の支配を受けた。一二一九年にデンマーク人が進出し、現在の首都のタリン市を築く。一三四六年にはドイツ騎士団が占領、タリン市はハンザ同盟都市として栄える。一六二九年にはスウェーデン領に、一七一二年には北方戦争でスウェーデンが敗北してロシア領となる。ロシア革命後は一九一八年に独立を宣言、一九二〇年にはソ連も承認した。しかし、一九三九年に結ばれた独ソ不可侵条約の秘密議定書で、ソ連の領域と規定され、一九四〇年にソ連に併合された。ベルリンの壁崩壊後の一九九〇年三月には最高会議が期限付きで独立を宣言。一九九一年八月のソ連保守派のクーデター未遂事件を受けて完全独立を宣言し、九月六日にソ連が承認した。

ラトビア

一三世紀ごろにドイツ騎士団が進出し、領有。現在の首都リガはハンザ同盟都市として繁栄。一五八三年にはリボニア戦争の結果、ポーランド＝リトアニア領に、一六二九年にはスウェーデン・ポーランド戦争の結果、一部がスウェーデン領となる。一七二一年には北方戦争の結果、大部分がロシア領に、一部がポーランド領に。一七九五年、西側はポーランド分割の結果、すべてロシア領となる。ロシア革命を経て、一九一八年に独立を宣言し、一九二〇年にソ連から独立承認を受けた。しかし、一九三九年の独ソ不可侵条約の付属議定書でソ連の利益圏とされ、一九四〇年に併合された。ソ連保守派クーデター未遂事件直後の一九九一年八月に独立を宣言した。

リトアニア

一三世紀にリトアニア大公国が成立。一四世紀には大公国のヨガイラ国王がポーランド国王を兼任し、ポーランド＝リトアニア王国が成立、領土は黒海からポーランドに至った。一五六九年、リボニア戦争によりポーランドに事実上吸収されるが、一七九五年の第三次ポーランド分割で大部分ロシア領となる。一九一八年に独立を宣言し、一九二〇年にソ連からも独立を承認された。しかし、独ソ不可侵条約の秘密議定書により、一九四〇年にソ連に併合された。一九九一年、ソ連保守派クーデター未遂事件を機に、独立を果たす。

第三次東方拡大

第二次拡大から五年後の二〇〇九年四月、クロアチアとアルバニアがNATOに加盟。これでNATOの加盟国は二八カ国となった。

この後、二〇一七年六月にはモンテネグロが、二〇二〇年三月には北マケドニアが加盟し、NATOは三〇カ国体制となった。四カ国の歴史を概観してみよう。

クロアチア

七世紀ごろにスラブ人が定住し、九世紀初めにフランク王国の支配下に入ってキリスト教化された。八七九年にクロアチア王国が独立。その後、ハンガリー王国、オスマン・トルコの支配を受けるが、一五二七年にハプスブルク家の支配下に入る。一方、アドリア海沿岸のダルマチア地方は一〇世紀末からベネチア共和国の植民地となり、一九世紀初めにハプスブルク支配下に。第一次世界大戦のオーストリア＝ハンガリー二重帝国の崩壊により、南スラブ人を統合すると、セルビア・クロアチア・スロベニア王国に参加し、一九二九年にユーゴスラビアと改名した。しかし、一九四一年にナチス・ドイツがユーゴに侵攻すると、クロアチアはドイツの支援を受けて独立国を作り、セルビア人勢力との間で激しい内戦となった。戦後はチトーが主導したユーゴスラビア共産主義者同盟がユーゴを復活させるが、一九九一年に国民投票で独立を決めると、ユーゴスラビア連邦軍がセルビア系住民の保護を目的に侵攻し、クロアチア軍と全面衝突となった。クロアチア紛争は一九九五年まで続き、多数の死者、難民を出した。

アルバニア

アルバニア人の先祖と見られる印欧語族のイリュリア人は紀元前一〇〇〇年ごろに定住。その後は古代ギリシャ、ローマ帝国の支配を受け、一五世紀後半からオスマン・トルコの支配下でイスラム教が浸透した。一九一二年にオスマン・トルコから独立したが、共和制と王政の入れ替わりが続き、一九三九年にはイタリアに事実上併合された。第二次世界大戦でドイツ軍に占領されたが、ソ連軍に解放され、ホッジャ将軍を首班とする共産党臨時政権が樹立された。ホッジャ将軍は一九五四年の辞任後も、共産党から改称した労働党の第一書記として一九八五年の死去まで独裁を敷いた。一九九〇年には一党独裁が廃止され、一九九二年の総選挙では非共産党の民主党から大統領が選出された。

モンテネグロ

言語、文化でセルビアと大きな差異はないが、一三八九年にコソボの戦いでセルビア王国がオスマン・トルコに敗れた後もモンテネグロ住民はトルコを宗主国としながら独立状態を維持した。一八七八年にはベルリン条約によりモンテネグロ公国の独立が承認された。第一次世界大戦後にはセルビアに併合され、ユーゴスラビア王国の一部に。第二次世界大戦後はユーゴスラビア連邦の中で共和国の地位を与えられ、ユーゴ解体の過程ではセルビアとともに連邦共和国を形成したが、ミロシェビッチ政権の崩壊後は独立に動き、二〇〇六年六月の国民投票で独立を決めた。

北マケドニア

北マケドニアはアレクサンドロス大王を出したマケドニア王国の故郷。六～七世紀に南スラブ人が定住した後は、キリスト教化。東ローマ帝国、セルビア、ブルガリアの支配を経て、一五世紀にオスマン・トルコに征服された。一九一二年のバルカン戦争で、ギリシャ、ブルガリア、セルビアによって分割された。このうちセルビア、マケドニアが第一次世界大戦後、ユーゴスラビアに編入され、第二次世界大戦後は連邦制のユーゴ内で共和国となり、一九九一年に独立を果たした。

東欧へのミサイル防衛システム配備

二〇〇〇年代後半、米国のブッシュ大統領は、欧州へ向けたイランや北朝鮮からのミサイル発射の脅威に対処するため、東欧にミサイル防衛システムを配備する計画を発表した。具体的にはポーランドおよびチェコと協定を結んで、前者に迎撃ミサイル基地を、後者に早期警戒レーダーサイトを建設するというものである。

ロシアは計画に反対し、これはロシアを対象としたものであり、「脅威には脅威で応える」と強く反発した。ロシアは代替案としてアゼルバイジャンのレーダーサイトの共同利用を提案したが、米国は拒否した。

二〇〇九年、「国際協調」を掲げるオバマ政権が発足して状況は変わり、同政権は計画の見直しを発表。これにより、ポーランドに迎撃ミサイル、チェコにレーダー施設を配備する計画は撤回された。

新たな計画は二〇一一年から二〇二〇年ごろまで四段階で進められることになった。第一段階で迎撃ミサイルSM-3搭載のイージス艦を配備、第二段階で地上発射型のSM-3をポーランドとチェコに配備、第三段階で日米が共同開発中のSM-3ブロックⅡAを配備、最終第四段階ではSM-3ブロックⅡBをそれぞれ配備し、長距離ミサイル対処能力も有するようになる計画である。

第五章　NATOとEU

NATOとEUは、前者が米欧の集団防衛機構であり、後者が欧州の地域共同体であるという点で互いにかけ離れた存在だが、議会制民主主義や法の支配、人権、経済的自由主義を重視する「価値共同体」であり、両方とも本部はブリュッセルにある点は共通する。

EUとNATO双方に加盟しているのは二〇カ国で、すべて欧州の国である。二〇カ国はベルギー、オランダ、ルクセンブルク、ドイツ、フランス、イタリア、スペイン、ポルトガル、ギリシャ、エストニア、ラトビア、リトアニア、ポーランド、ハンガリー、チェコ、スロバキア、クロアチア、スロベニア、ルーマニア、ブルガリアである。

EUに加盟しているもののNATOに入っていないのは、フィンランド、スウェーデン、オーストリア、アイルランド、マルタ、キプロスの六カ国である。このうちフィンランドとスウェーデンは前述のように、ロシアのウクライナ侵攻を受けて軍事的中立を放棄し、NATOに加盟申請し、承認された。近く正式に加盟する見通しである。オーストリアとアイルランドは中立国。マルタは中立志向だが、二〇〇八年にNATOと「平和のためのパートナーシップ（PfP）」協定を締結した。

逆に、NATOに加盟しているもののEUに入っていないのは米国、カナダ、英国、トルコ、ノルウェー、アイスランドの七カ国である。このうち、英国は一九七〇年代からECに加盟していたものの、二〇一六年の国民投票で離脱が決まり、離脱条件をめぐる交渉

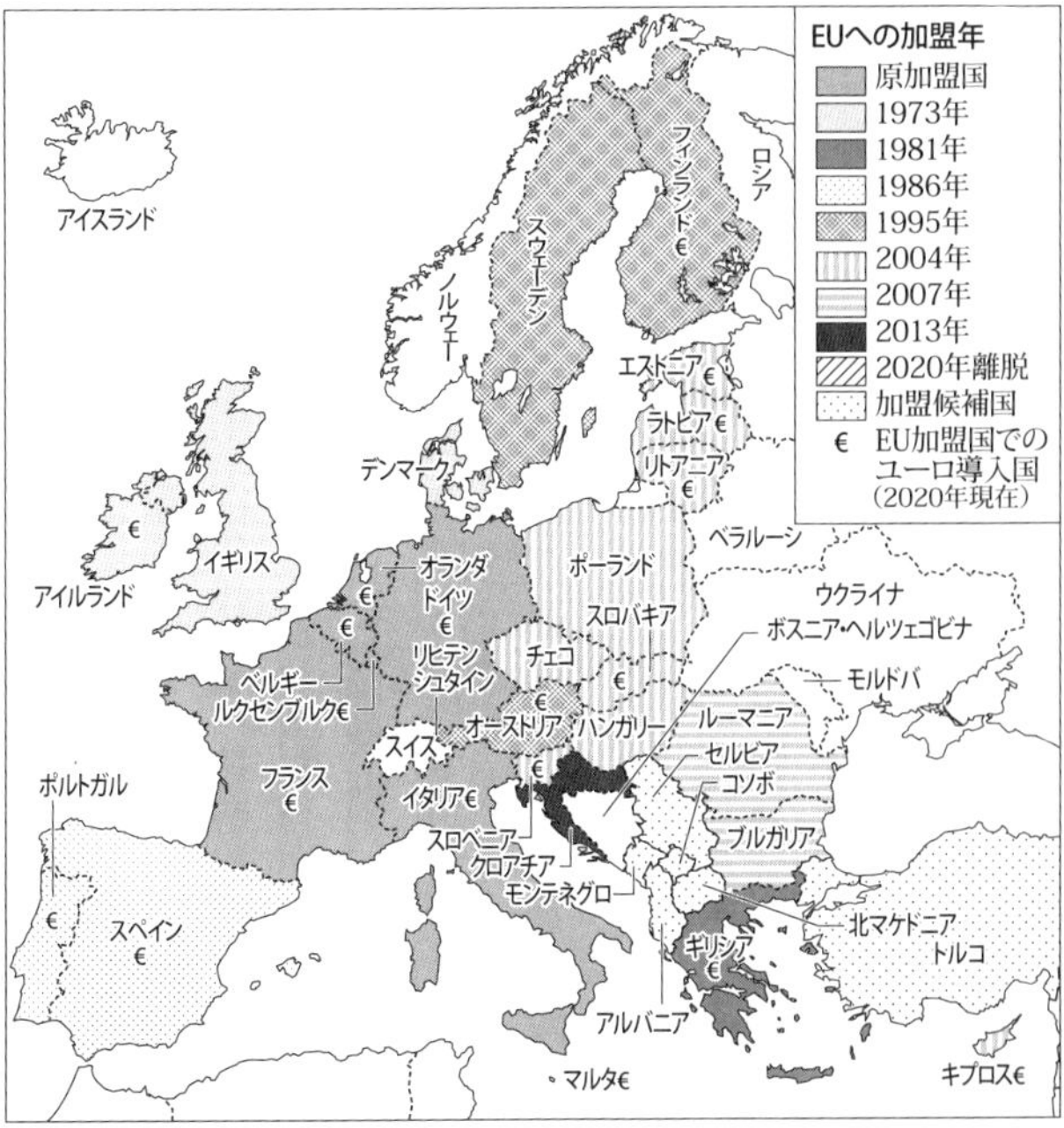

EU 加盟国一覧

を経て、二〇二〇年一月末に離脱した。ノルウェーは、EUとの加盟交渉が一九九四年にまとまったが、その後、国民投票で否決された。欧州域外国はEUには入れない（米国、カナダ、トルコ）。

冷戦が終わって以来、EUは伝統的にNATOが担当する領域と考えられていた安全保障や防衛の分野にも入り込んできており、NATOと競合する面が出てくるのではと一部で懸念されている。ただ、実際は担当する地域や任務で事実上の「棲み分け」ができつつあるようだ。これは、双方の予算やマンパワーの制約を考慮したうえの結果である。

この章では、欧州安全保障防衛政策の節目となるできごとに言及しながら、NATOとEUの役割分担、二〇一〇年の「戦略概念」などを分析していく。

幻の二共同体

EUが国際社会で政治的アクターとして存在感を示すようになったのは、冷戦体制終焉後の一九九三年一一月に発効したマーストリヒト条約（欧州連合条約）で、共通外交安全保障政策（CFSP）を目指すという目標が盛り込まれたことが背景にある。CFSPはその後、軍事・防衛分野の協力と欧州安全保障政策作りを目指す共通の防衛政策（ESDP）にまで発展したが、EU加盟国の大半は米国が主導権を握っているNATOに加盟しているので、役割の重複への懸念が根強い。

EUは主として経済面の共同体とみなされることが多いが、一九五〇年代には欧州政治共同体（European Politidal Community）と欧州防衛共同体（European Defense Community＝EDC）の構想が浮上。しかし、フランスの反対で加盟予定国全体（当時は六ヵ国）の支持が得られず、葬り去られた。前者についてはその後、欧州政治協力（European Political

欧州統合の深化とEU拡大の歩み

年	事項
1952	欧州石炭鉄鋼共同体（ECSC、EUの前身）条約発効、ECSC誕生（原加盟国：フランス、西ドイツ、イタリア、オランダ、ベルギー、ルクセンブルク）
1958	ローマ条約発効、欧州経済共同体（EEC）、欧州原子力共同体発足
1967	ブリュッセル合併条約（3共同体を一つの共同体である欧州共同体＝ECにする条約）発効、EC発足
1973	アイルランド、デンマーク、英国がEC加盟（第一次拡大）、9カ国体制に
1977	EC 9カ国、関税同盟完成
1981	ギリシャ、EC加盟（10番目の加盟国）
1985	EC首脳会議、「域内市場統合白書」を採択
1985	西独、仏、ベネルクス3国「シェンゲン協定（国境の検問廃止）」調印
1986	スペイン、ポルトガル、EC加盟（12カ国体制に）
1989	「ベルリンの壁」崩壊、東欧6カ国で共産党政権が崩壊し、民主化
1991	EC、EFTA（欧州自由貿易連合）との「欧州経済領域（EEA）」創設合意
1991	ソ連崩壊
1992	マーストリヒト条約（欧州連合条約）調印、市場統合完成
1993	マーストリヒト条約発効、欧州連合（EU）誕生
1995	オーストリア、フィンランド、スウェーデン、EU加盟（15カ国体制に）
1998	ウクライナとのパートナーシップ協力協定発効
1999	アムステルダム条約発効、「人権」を明記
1999	欧州通貨統合最終段階入り、11カ国参加、単一通貨ユーロ導入
2001	ニース条約調印、さらなる拡大へ向け準備
2004	「ビッグバン」拡大、ポーランド、ハンガリー、チェコ、スロバキア、スロベニア、エストニア、ラトビア、リトアニア、マルタ、キプロスの10カ国が加盟、25カ国体制に
2007	ブルガリア、ルーマニア、EU加盟
2009	リスボン条約（欧州憲法条約の枠組み踏襲）発効
2010	ユーロ圏信用危機（2012まで）
2013	クロアチア、EU加盟
2015	難民危機
2020	英国、ＥＵ離脱（ブレグジット） 欧州各国で新型コロナウイルス感染拡大
2022	ロシア、ウクライナへ軍事侵攻、ＥＵは対ロ制裁、ウクライナへの武器供与

Cooperation＝EPC）という枠組みに引き継がれたが、そのインパクトは小さかった。

フーシェ・プラン

ＥＤＣ構想が挫折した後、英外相の提案により、西ドイツはイタリアとともに西欧同盟（ＷＥＵ）の改組拡大を通してＷＥＵの一員となり、このプロセスを通じて西ドイツは主権を回復、西側の一員としてＮＡＴＯに加盟することになった。前述のフランスの条約拒否からわずか二カ月後のことであった。なお西欧同盟は、英国、フランス、ベルギー、オランダ、ルクセンブルクの五カ国が一九四八年に相互防衛を目的として調印したブリュッセル条約によって成立した同盟である。

その後の政治統合に関する提案としてはフーシェ・プランがあった。これはド・ゴール仏大統領とアデナウアー西独首相の友好的関係を前提としていた。このプランは正式には「政治同盟のための第一次、第二次条約案」というⅠ、Ⅱの二つの提案だ。第一次フーシェ・プランは一九六一年に、第二次プランは一九六二年に発表された。第一次プランでは「諸国家の同盟」を宣言し、共通外交政策、科学・文化領域での加盟国間の協力緊密化、人権・基本的自由と民主主義の擁護への寄与、共通防衛政策の採択などを盛り込んでいた。特に共通防衛政策については、「ＮＡＴＯ＝米国」主導ではなく、欧州自由主義諸国による安全保障の確保を強調した。第二次フーシェ・プランでは先の「他の自由主義諸国との協力」という表現を「NATOの強化への寄与」という表現に書き改められ、米国との協力を明らかにした。しかし　これはド・ゴール仏大統領によってひっくり返された。ド・ゴールはNATOへの言及を除去させたのだ。

政治統合への動き

政治統合への動きは一九六〇年代末にも見られた。ルクセンブルクのウェルナー首相が率いたEPCのウェルナー委員会は、経済通貨同盟だけでなく政治統合の方向性を明確に打ち出した。

一九七〇年代、EPCはCSCEや欧州アラブ対話において、文民の準備会合や調整グループの設立などで貢献した。しかし、政治統合のプロセスが急に加速化することはなかった。

そして一九七九年に始まったアフガニスタン危機を境に、EPCの安全保障面での協議や共同防衛政策の必要性が改めて認識され、一九八一年一〇月に発表された「ロンドン報告」では、政治協力が全加盟国の外交政策における中心的要素に発展したことを確認した。域内市場統合につながった一九八七年発効の単一欧州議定書では、加盟国間の外交面における「共同行動」を目標として発足したEPCの役割が条文に明記された。こうして「紳士協定」だったEPCは法的拘束力を持つようになった。常設事務局が設けられ、協議・調整機構となったのである。

ESDPとNATO

EUは冷戦終結後、NATOの枠組みにとらわれない欧州独自の安全保障・防衛政策を模索するようになった。その過程でのいくつかの重要な動きをたどってみよう。

まず一九九二年、WEUがドイツのボン郊外ペータースブルクで開催した閣僚理事会では、具体的な活動としてペータースブルク・タスク（任務）を定めた。①人道・救助任務、②平和維持活動、③危機管理における戦闘任務を含む平和創出の任務である。任務はその後EUの管轄に移され（EU条約第一七条第二項）、さらにリスボン条約の下で範囲が拡大された（拡大ペータースブルク任務）。拡大された任務は、共同武装解除任務、人道・救難任務、軍事的助言・支援任務、紛争予防・平和維持任務、平和回復および紛争後の安定化を含む危機管理を行う戦闘部隊任務である。ちなみに政治統合の推進を主張する独仏は、WEUを欧州統合に活用することを提唱していた。

一九九二年に調印されたEUのマーストリヒト条約の下では、共通外交安全保障政策

（CFSP）がEUの支柱の一つとなった。また、マーストリヒト条約によってEPCはCFSPに発展、解消した。一九九七年に調印されたアムステルダム条約では、CFSPの対応力の強化を図るために上級代表ポストが新設され、CFSPの一部としてESDPに関する規定も明記された。

最初のESDPの実践は、二〇〇三年一月に始まったボスニア・ヘルツェゴビナにおける警察ミッションだった。その後、ESDPにおける最初の軍事ミッションとなったのが、二〇〇三年三月三一日からマケドニアで行われた「コンコルディア作戦（Operation Concordia）」だ。この軍事作戦はNATOの平和維持活動をEUが引き継いだもので、NATOのアセット（装備）が活用された。

ESDPの下でEUに独自の軍事機能を持たせるうえで重要な一歩となったのが、一九九八年に英仏首脳間で成立したサンマロ合意である。

フランス・ブルターニュ地方の港町サンマロで会談した英国のブレア首相とフランスのシラク大統領は、EUの独自の軍事機能として、三万人を超える緊急対応部隊をEU内に創設することで合意した。ただ、ブレア、シラク両首脳の間には微妙な思惑の違いもあったようだ。フランスは米国に頼らない欧州独自の軍事力強化を模索してきたが、英国は欧州の安全保障・防衛はNATOの枠組みで行われるべきだと主張してきた。英国側には、単一通貨ユーロへの不参加による発言力の低下を防ぐために、安全保障・防衛政策で歩み寄る必要があったのかもしれない。

翌一九九九年一二月のEU首脳会議で採択された「ヘッドライン・ゴール」は、NATOが関与しない領域での国際危機に対処するため、EU主導の軍事行動をとることを可能にする目標だった。EU加盟諸国は協力して、六〇日以内に展開可能で、かつ少なくとも一年間の軍事行動の継続が可能な五万〜六万人規模の部隊を二〇〇三年までに創設することを目指した。二〇〇四年六月のEU首脳会議では、テロや大量破壊兵器など新たな脅威に対抗するためにさらなる能力強化を目標とした「ヘッドライン・ゴール二〇一〇」が採択された。

二〇〇〇年にはWEUの主要任務組織はEUに移管された。

二〇〇二年一二月のコペンハーゲン首脳会議では、EUはNATOが関与しない紛争に際して、独自の作戦を遂行するために、NATOの軍事力や装備にアクセスできることが定められた。そしてEU首脳会議の指揮下で、危機管理、平和維持の役割を担うEU部隊の展開が可能となったのである。EUとNATOの関係については、EU条約（第一四条第四項）は、EUの安全保障・防衛政策は「NATOの枠内で確立される安全保障および防衛政策と両立する」こと、さらにWEUおよびNATOの枠組みにおける緊密な協力の発展を提唱している（第一四条第五項）。

一方NATOは、EUの軍事同盟化をどう見ていたのだろうか。冷戦後、NATOにとって、自立志向を強める欧州の軍事同盟であるWEUとの関係をどう規定するかは、大きな課題であった。一九九一年一一月のNATOローマ首脳会議における宣言では、危機管理の即時・緊急展開を重視した「新戦略概念」を打ち出した一方で、WEUの役割強化と、欧州の安全保障に関する欧州の主体性と防衛上の役割の進展を確認した。他方で在欧米軍・カナダ軍、および米国の核戦力は維持されることになった。すなわち「欧州の柱」と米国のコミットメント（米国の柱）の両立が主張されたのである。

EUは二〇〇三年六月からコンゴ北東部での難民収容所と付近の空港の安全確保を目的とした、EUとしては初めての域外平和維持活動「アルテミス」を実施した。アルテミス作戦はNATOの関与しない、初めての自律的なEU主導の作戦であり、緊急展開作戦行動だった。EUと国連の危機管理分野における協力、という意味で画期的なものだった。コンゴ民主共和国には国連のPKO部隊（国連コンゴ民主共和国ミッション）が展開していたが、治安情勢の急激な悪化を受けた国連安保理の要請により、EUは一五〇〇人規模の緊急展開作戦を実施した。これを機にEUは、短期間（一五日以内）でより遠方に展開できる、小規模（一五〇〇人規模）の部隊「バトルグループ」を創設するに至った。

文民危機管理へ

二〇〇四年七月にはEU内に専門機関の「欧州防衛機関」が創設され、文民（シビリアン）的危機管理の発展の方向性が定められ、四つの部門（警察、法の支配、文民管理、市民保護）の強化を優先領域とすることが決定された。

時間は遡るが、二〇〇三年末にソラナCFSP上級代表が行ったEUの安全保障に関する報告（ソラナ報告）では、EUはある程度の軍備を有するが、戦闘への直接的な参加よりも、平和維持や復興支援に重きを置いたスタンスを模索し始めたことを表明している。さらに、テロリズム、大量破壊兵器の拡散、世界各地での地域紛争、組織犯罪など広範かつグローバルな範囲での脅威に備える「予防外交」の重要性を強調した。

二〇〇四年九月、EUは「人間の安全保障」ドクトリンを発表した。保護・停戦・武装解除のための軍事兵力と、安全確保・人権監視・国際的な文民組織の派遣を目的とした基本原則である。ドクトリンは、高度に専門的で、相互に綿密に調整され、統合された一万五〇〇〇人規模の軍民組織（警察、法律家、人権監視員、税専門家、看護師・医師などを含む）の派遣を含んでおり、EUが推進する非軍事的な国際安全保障貢献を、より明確な形で示した「文民危機管理」を象徴的な形で打ち出したものだった。これは先のソラナ報告のより具体的な方向性を示しており、純粋な軍事機構ではなく、文民の比重を重んじた、平和維持活動と軍事介入の中間的なものと考えられている。活動例としては、ボスニア・ヘルツェゴビナやマケドニアなど旧ユーゴスラビア構成共和国、コンゴ民主共和国での警察任務、ジョージア、イラクでの法治国家育成任務、パレスチナ警察支援の調整事務所、西バルカンや東チモール、アチェでの監視任務がある。

さらにEUは二〇〇四年に、ESDPにおける訓練政策を採択し、治安および秩序を保障するための緊急展開が可能な「欧州憲兵部隊」の創設を決定した。後者は九〇〇名の核となる部隊と二一〇〇名の強化人員で構成され、NATOや国連も利用可能である。二〇〇七年二月からは、アフガニスタンにおける「法の支配」に関する厳しい状況にかんがみ、同国へ警察ミッションを派遣した。さらに、イラクとコソボにそれぞれ法の支配ミッション、チャドに「中継軍事支援」ミッションを派遣している。

一連の活動は、EUの理事会単独ではなく、EUの行政を担う欧州委員会や他の国際機関と協力・補完関係を保って初めて機能する。よりソフトな安全保障の側面を多国間主義的な枠組みで実現しており、CFSPとESDPを具現化したものと言えよう。

欧州対外活動庁

EUはCFSP・ESDPの一環として、一年以上の準備期間を経て二〇一一年一月一日に、欧州対外活動庁（European External Action Service＝EEAS）を発足させた。EEASは二〇〇九年一二月一日に発効した、EUの新たな基本条約、リスボン条約の下で誕生した。EEASを率いるのはEU外務・安全保障上級代表である。同ポストはEU欧州委員会の副委員長（対外関係）と外相理事会議長の兼任で、初代上級代表には英国出身のキャサリン・アシュトンが就任した。EEASの発足は、欧州委員会や閣僚理事会から独立し、EUの対外行動をより首尾一貫したものにすることが狙いだ。上級代表が欧州委員会の副委員長職と、最重要の閣僚理事会である外相理事会の議長職を兼務しているのはそのためだ。なお、EEASのスタッフは欧州委員会など、他の欧州機関や加盟各国の外務省などの出身者から成る「寄合所帯」である。

EEASは発足から一カ月もたたないうちに激動する北アフリカ・中東情勢への対応を迫られることとなった。しかし、アシュトン上級代表が取り仕切った「アラブの春」への対応は緩慢で鈍いものだった。例えば、チュニジアのベンアリ前大統領とエジプトのムバラク前大統領の資産凍結措置を取ったのは、前者が国外に脱出した後、後者については退任後だった。

EUの対外行動は、グローバル化が進む中で、加盟国レベルでは対処し切れない課題が増えている。例えば、エネルギー安全保障や地球温暖化問題、持続可能な経済発展、経済競争力の確保、テロとの戦いなどだ。

二〇一〇戦略概念――「ハイブリッド同盟」に

NATOは二〇一〇年のリスボン首脳会議で新たな戦略概念を打ち出した。NATO条約第五条に基づく集団的自衛権行使へのコミットメントを再確認するとともに、域外の紛争地域での危機管理任務への意欲を表明したのである。「NATOの領域から遠く離れた危機や紛争が、加盟する領域や市民に直接の脅威となる可能性もある」とし、「危機を予防、管理し、紛争後の地域を安定化させ、復興を支援する」という新しいミッションを加えた。そして「紛争を最も効果的に管理する方法は予防である」として「紛争の可能性がある地域の監視と分析」を行うと明言した。

そして欧州全体の民主化の流れを支援し続ける必要性を強調、具体的にはウクライナやジョージアのような国にNATOの門戸を開き、軍事や民主化への改革を援助するとした。「平和のためのパートナーシップ」（PfP）は欧州の自由と平和のビジョンの中核にあり、ウクライナやジョージアとのパートナーシップは継続された。

二〇一〇年戦略概念は、伝統的で最重要である集団的自衛権の行使と、域外紛争地域での危機管理への意欲をともに明記、「ハイブリッド同盟」としてのミッションを明確にしている。

この戦略概念では初めて、核兵器のない世界のための「条件を作り出す」という目標がうたわれた。しかし一方で、「核兵器が世界に存在する限り、NATOは核同盟であり続ける」とも宣言している。

NATOのリビア攻撃

「アラブの春」と呼ばれる、強権体制を打倒したチュニジアやエジプトなどアラブ諸国の政変に誘発され、北アフリカのリビアでは二〇一一年二月からカダフィ独裁体制の打倒を求めるデモが拡大、内戦に突入した。反体制勢力は「国民評議会」を結成。英仏を中心とするNATO加盟の欧米諸国は、国連安保理のお墨付きを得て軍事介入し、空爆を実施した。NATOの発表によると、二万回以上の出撃と八〇〇〇回近い爆撃が敢行された。中国やロシア、ブラジルなどは「無差別攻撃」であり、人命保護という「国連安保理決議の枠を超えている」と非難した。NATO軍は首都トリポリへの空爆とともに、リビアの港湾都市ベンガジの反乱勢力への支援も行った。この結果、一〇月にはカダフィ大佐の死亡が確認され、NATOの空爆は終了した。

NATO軍による空爆は、アフガニスタンで多数の将兵を失い、厭戦気分が漂う中、NATO加盟国にとっては久々の「成功物語」であった。ただ、民間人も攻撃の対象となり、少なくとも七二名が死亡したとの報告もある。

NATOにとってリビア空爆は、コソボ空爆のような一九九〇年代の軍事介入パターンへの回帰を示すものだ。さらに、NATOの担当する軍事作戦の正当性が再び重視されるようになったことを示している。リビア国民をカダフィ大佐の圧政から解放し、ベンガジで攻撃にさらされている反政府勢力を支援する、そのためには軍事介入が必要という論理である。

NATOが地上軍を投入しないという方針を貫いたことは注目される。これは国連が容認しなかったという事情もあるが、アフガニスタンでの地上軍の苦戦が長い影を落としている。

リビア作戦は今後の役割分担にも影響を及ぼしそうだ。すなわち、米英が戦闘作戦を担当し、他の欧州諸国が安定化・復興支援を担当するという緩やかな分担が浮上してきたのである。今後もこの分担が継続されるのかが注目される。

ウクライナはEU加盟候補国

ＥＵは二〇二二年六月にブリュッセルで開いた首脳会議で、ウクライナとモルドバを加盟候補国に認定した。ウクライナはロシアの侵攻を受けた二月末にＥＵ加盟を申請。ロシアの軍事的脅威にさらされるモルドバも三月初めに追随した。

欧州委員会は六月一七日、両国の候補認定を勧告した。認定は申請から約四カ月と異例の速さとなり、両国との連帯を示し、ロシアを牽制《けんせい》する形となった。

ただ、正式な加盟交渉を始めるには、改めて全加盟国の承認が必要で、交渉入り後も、汚職対策や司法の独立性の確立などＥＵ基準への適合に向けた厳しい改革を求められ、加盟承認には通常数年を要する。ウクライナは早期承認を訴えるが、例外扱いに慎重な姿勢を示す加盟国は少なくない。

モルドバと同様に加盟申請したジョージアについては、優先的な改革項目で進展が見られるまでＥＵ加盟を見送ることとなった。

第六章　ウクライナ戦争とＮＡＴＯ

ロシアによるウクライナへの軍事侵攻が始まって半年余りが過ぎた。戦況はウクライナ東部、南部を中心に膠着《こうちゃく》状態に陥っており、出口は見えず、和平や停戦の話も最近ではほとんど聞かれなくなった。

ウクライナ戦争の影響は多方面にわたり、ウクライナから近隣諸国へは数百万人の難民が流入。物の流れも滞っており、ロシアが欧州への天然ガス供給を大幅に削減したり、ウクライナ産の穀物輸出を一時的に妨害し、世界経済を混乱させている。

本章では、プーチン・ロシア大統領による核使用の脅迫とも取られる発言の波紋についても触れる。

ウクライナ略史

五世紀ころに東スラブ人が現在のウクライナに移動、九〜一二世紀にはキエフ公国を形成した。一三世紀にはモンゴル人の侵攻を受けて崩壊し、東スラブ人はロシア、ウクライナ、ベラルーシの三民族に分かれる。ウクライナ人は一四世紀にはリトアニア大公国の支配下に、一六世紀にはポーランド＝リトアニア王国の支配下に入った。一七世紀のロシアとポーランドの戦いの結果、一八世紀にはロシア領に組み入れられた。一九一七年のロシア革命後には、完全独立を宣言する政権が成立したが、内戦の後にソビエト連邦の形成に加わった。一九九一年八月に独立を宣言、同年一二月の国民投票では圧倒的な支持を受け、ソ連崩壊とともに独立を果たした。二〇〇四年の大統領選挙では中央選挙管理委員会が当初、親ロ派のヤヌコビッチ首相（当時）の勝利と発表。これに対して野党側は選挙に不正があったとして連日、一〇万人規模の集会を開き、抗議した。最高裁が選挙やり直しを決定し、ユーシェンコが当選した。野党側のシンボルカラー・オレンジから「オレンジ革命」と呼ばれる。二〇〇七年の総選挙では、ヤヌコビッチ率いる親ロの「地域党」が第一党となったが、ティモシェンコ率いる「ティモシェンコ連合」とユーシェンコ大統領率いる「我らのウクライナ」が連立した。二〇一四年二月には「ユーロマイダン革命」が起き、親ロ派のヤヌコビッチがロシアに逃亡した。同年三月にはクリミアが住民投票を経て、ロシアに併合される。東部の親ロ派住民がロシアの秘密支援を受けて、ウクライナ政府軍への攻撃を開始。事実上の内戦となり、二〇二二年二月にロシア軍のウクライナ侵攻が始まり、通常の戦争となった。

なぜ、いま北方拡大？

ＮＡＴＯは六月末にマドリードで開いた首脳会議で、ロシアのウクライナ侵攻を受けて、長年、「戦略的パートナー」とみなしてきたロシアを「敵」と規定、冷戦時代の論理に戻った形となった。こうした中でロシアから脅威を受けているフィンランドとスウェーデンのNATO加盟を承認、手続きの開始で合意した。一方、ロシアと半年超戦ってきたウクライナもすでにNATO加盟を申請しているが、その行方はどうなるだろうか。

プロローグでも述べたように、ロシアは二〇〇〇年代にはNATOとおおむね友好的な関係を維持していた時期もあった。米国が主導するNATOのミッションにロシアが参加したり、ロシアがNATOの「パートナー国」となったり、NATOロシア理事会が存在した時期があったのである。しかし、こうした友好ムードを吹き飛ばしたのは、二〇〇〇年代にNATO周辺国で連続して起きた、民主化のための「カラー革命」だった。ロシアのプーチン大統領は、ウクライナの「オレンジ革命」(二〇〇四年)やグルジア(現在はジョージア)の「バラ革命」(二〇〇三年)は米国が策動し、いずれプーチン政権もターゲットになる可能性があるとして警戒するようになった。さらにプーチンは、NATOは米国の策動の手段であるとみなすようになったという。

ロシアのウクライナへの軍事侵攻は、西側の軍事機構であるNATOの勢力圏拡大を阻止するのが主要目的の一つとされるが、これがかえってNATO拡大を促し、ロシアの孤立化を一層深めるという皮肉な結果となりそうだ。

フィンランドとスウェーデンはNATOの「パートナー国」だったが、東西冷戦中も軍事的中立政策を維持してきており、NATOなどの軍事機構には属していなかった。両国では長い間、国民の間でNATOへの関心は低かったが、ロシアのウクライナ侵攻がこれを一変させた。フィンランドのマリン首相は四月一三日の記者会見で「(ロシアのウクライナ)侵攻ですべてが変わってしまった」と述べ、スウェーデンのアンデション首相は「歴史的に重要な転換期にある。ロシアの軍事侵攻が始まった二月二四日の前後で安全保障環境が完全に変わった」との見方を示した。

かつて両国では、NATO加盟への国民の支持率は二、三割台だったが、ロシアのウクライナ軍事侵攻以来過半数を突破し、加盟気運がかつてなく高まった。NATO拡大に反対するロシアが、非加盟国のウクライナに猛烈な攻撃を加えていることを目の当たりにし、一三四〇キロの国境をロシアと接するフィンランドでは、次の標的になりかねないとの危機感が広がった。両国のNATO入りが実現すれば、加盟国への攻撃は全加盟国への攻撃とみなす、NATO条約第五条に基づく集団防衛義務が運用され、両国に対する攻撃抑止力の飛躍的向上が期待される。

一方、フィンランドとスウェーデンがNATO入りすれば、両国とロシアの国境付近の緊張が高まるのは必至だ。ロシアのメドベージェフ前首相は四月一四日、北欧二カ国が加盟すれば、「国境は強化されなければならない」と主張、「バルト海周辺で核のない状態はあり得ない」と核配備を示唆した。さらにロシアはサイバー攻撃により、インフラを混乱させたり、偽情報を流布して両国の国内政治に介入する可能性もある。

フィンランドとスウェーデンは七月五日、批准手続きに入ったが、集団防衛義務が適用されない手続き期間中、両国の安全をどのように保障するかの問題が生じる。最も新しくＮＡＴＯに加わった北マケドニアの場合、手続きを終えるのに約一年かかった。この間、米国と英国が二国間ベース、もしくは米英を交えた三国間ベースで安全保障協定を結ぶ構想も浮上している。

ロシアのウクライナへの軍事侵攻は他国の軍事戦略にも影響を及ぼしている。ドイツ、ポーランド、バルト三国などは安全保障環境が一変したと認識し、ドイツは国防費を大幅に増加するとともに、紛争地域への殺傷能力のある武器禁輸を解除した。一方、ラスムセン前ＮＡＴＯ事務総長は、ドイツがロシアから依然として大量の天然ガスと石油を輸入し、この代金として一日当たり数億ユーロを払い続けていることを問題視。これは結果的にプーチンの戦争犯罪に加担していることになると批判した（米紙ニューヨーク・タイムズへの寄稿）。この寄稿が掲載されたのは四月二一日だったが、その後五月四日、ＥＵは、ロシアへの追加制裁として、石油の輸入を年内に禁止する方針を発表、ドイツもこれに同意した。

さらにラスムセンは、「もしプーチンがウクライナで成功すれば、彼はそこで（侵略を）やめることはないだろう。彼はNATOに弱い部分があればそこを突いてNATOを試そうとするだろう。NATOと密接に連携していても、NATO条約第五条の集団防衛義務で守られていない、現在のスウェーデンのような国はリスクにさらされるだろう」と警告した。

ロシアのウクライナ侵攻は、ロシアの周辺に位置する欧州諸国はNATOに加盟して集団防衛システムの一部に組み込まれない限り、国家としての存続が危うくなる時代が訪れようとしていることを示している。フィンランドとスウェーデンの新規加盟で、戦略的に重要なバルト海はほぼNATO諸国に囲まれる「NATOの湖」（英BBC放送）となり、NATOは戦略的に転換点を迎える。

トルコの反対撤回

ロシアのウクライナ侵攻でNATOに加盟申請したフィンランドとスウェーデンだが、トルコが「待った」をかけた。トルコがテロ組織とみなしている反政府武装組織「クルディスタン労働者党（PKK）」を北欧二カ国が支援していると指摘した。フィンランドとスウェーデンはマドリードでのNATO首脳会議の際、トルコと接触。両国がPKKの活動阻止などに同意したことで、トルコはNATO加盟反対を取り下げた。舞台裏ではバイデン米大統領が仲介に動いたとされる。

フィンランドとスウェーデンが加盟すればNATOは三二カ国体制となる。

マドリード首脳会議でNATOは二〇一〇年以来となる、行動指針を定めた「戦略概念」を改定。ロシアを「同盟諸国の安全保障にとって最大かつ直接の脅威」と規定、冷戦期の厳しい東西対立の時代へ逆行したことを印象付けた。そのうえで、NATO加盟国の主権や領土の一体性に攻撃を加える可能性を「低く見積もってはいけない」といましめた。

新戦略概念は防衛態勢を大幅に強化。NATOのストルテンベルグ事務総長は東部方面の防衛が増強されることを指摘、加盟国が侵略された場合、最大三〇万人の兵員派遣態勢が取られることを明らかにした。具体的には、少なくとも一〇日以内に一〇万人、三〇日以内にさらに二〇万人が派遣される。もともとの態勢では一五日以内に四万人の派遣となっていた。バイデン米大統領はロシアのウクライナ侵攻が続いていることを受け、欧州における米軍戦力を増強すると表明した。東欧初の常駐部隊としてポーランドに米軍の前方司令部が置かれた。米部隊をNATOの東欧加盟国に恒久的に配置するのは初めてのことだ。このほかにルーマニアには巡回駐留の形で旅団戦闘団を増派、スペインとは前方配備する駆逐艦を四隻から六隻に増やす方向で協議している。米国の最新鋭ステルス戦闘機F

35が配備された飛行隊も、英国に二個追加派遣される。

新戦略概念は中国に初めて言及。「威圧的な政策」で欧米各国が重んじる民主主義の価値や安全保障に挑戦していると警戒感を表明した。

マドリード首脳会議では、各国の首脳がウクライナへの支持を改めて表明。フランスのマクロン大統領は「ウクライナでの戦闘は我々の戦闘である。ロシアは勝てないし、勝たせるべきではない」と述べた。一方、NATOのジョアナ事務次長は、フィンランドとスウェーデンにNATOの基地を設ける計画はないことを言明した。

一方、ロシアのリャブコフ外務次官は、NATO首脳会議の初日となった六月二九日に「NATO拡大は国際情勢を不安定化させる要因であり、拡大する側にも、脅威を感じる側にも安全保障が増すことはない」と指摘した。メドベージェフ前首相は六月二七日、北欧二カ国がNATOに加盟した場合、両国の近くに核兵器が搭載可能な短距離弾道ミサイルシステム「イスカンデル」が配置されるだろうと述べた。

NATOの拡大により、勢力圏争いで後れをとっているロシアは国境地帯に核兵器・ミサイルの配置をためらわないように見える。国境地帯にさらなる緊張が生まれることは間違いない。

ウクライナの西側志向

一九九一年にソ連から独立して以来、ウクライナではNATOとEUが体現する西側への志向の潮流と、ロシア志向の潮流がせめぎ合ってきた。そして時の政権が西側寄りかロシア寄りかによって政策に大きな違いが見られた。

ロシアのウクライナへの軍事侵攻が始まって半年以上経った本稿執筆時点で、ウクライナのNATOとEUへの加盟の展望は異なっているように見える。

EUは二〇二二年六月のブリュッセル首脳会議で、ウクライナをモルドバとともに加盟候補国と認定(前章参照)、将来の加盟国として支援する意向を鮮明にした。フォンデアライエン欧州委員長は、汚職の排除、法の支配の確立、新興財閥への対応などの面でウクライナを評価しつつ、今後の実行と結果を見極める姿勢を示した。委員長は首都キーウ郊外のブチャでの民間人虐殺現場を視察した後、ウクライナの加盟交渉が始まれば早期に妥結させる必要性を示唆していた。今後加盟交渉が始まるが、妥結までには数年かかる見通しだ。

一方、ウクライナのNATO加盟へ向けたプロセスは事実上「凍結状態」にあるようだ。その理由としては、①ウクライナは戦闘状態にあり、仮に戦闘が終わっても、ロシアと領土紛争を抱え続ける公算が大きい、②ウクライナでは政治家と財閥の癒着がはびこり、汚職が蔓延する中で、NATOが求める民主的政治体制が確立していない、③ウクライナがNATOに加盟すれば、バルト三国と同様に、ロシアは新たにNATO加盟国と直接国境を接することになり、このように緩衝地帯を失うことはロシアにとってセンシティブで警戒すべきことだ、などの事情がある。

ウクライナはNATOへ加盟できるだろうか。できるとしたらいつだろうか。

ロシアのウクライナ侵攻の背景には、ウクライナがNATO加盟へ積極的な姿勢を見せていることに対するロシアの危機感もあった。

ここでウクライナがNATO加盟を目指すこれまでの道程を見てみよう。

まず一九九一年一二月にウクライナは、NATOと旧ワルシャワ条約機構との協議体である北大西洋協力理事会（NACC）に参加した。一九九四年二月には、軍事協力のための枠組みである「平和のためのパートナーシップ（PfP）」をNATOと締結した。一九九七年五月には、ウクライナはNATOとの間で特権的パートナーシップ協定を結ぶことで合意した。この枠組みでNATOウクライナ委員会（NUC）が結成された。そして二〇〇五年四月には、ウクライナの加盟と必要な改革について協議する、NATOウクライナ緊密化対話が設置された。

二〇〇八年四月、ブカレストで開いた首脳会議でNATOは、ウクライナとジョージアが将来的に加盟国となることを宣言し、NATO加盟への第一歩とも言える「加盟行動計画(MAP)」申請レターの送付を行った。その後、二〇一四年のロシアによるクリミア併合などもあり、ウクライナのNATO加盟プロセスは停滞気味となった。ウクライナのゼレンスキー大統領は、NATO加盟はウクライナの安全保障と防衛に貢献するので、まずMAPが必要だと述べていたが、ロシアのウクライナ侵攻が始まった二〇二二年二月以来、NATO加盟について積極姿勢を表明することは控えていた(その後変化。本章最終節参照)。戦況に左右される側面も大きく、現時点では先は読めない。西側の指導者の間では「当面の課題ではない」(ショルツ独首相)と見られているようだ。

ウクライナの「フィンランド化」?

フランスのマクロン大統領は二〇二二年二月初めにモスクワを訪問した際、ウクライナをめぐる事態の打開策の一環として、ウクライナの事実上の中立化を意味する「フィンランド化」を提案した。しかし、ウクライナはこれを拒否している。

フィンランドは国境を接する強国ロシアによって一八〇九年から一九一七年まで支配された。その後独立を果たしたフィンランドは、第二次世界大戦ではソ連赤軍の攻撃に対して数カ月間持ちこたえ、ソ連による占領は免れたものの敗北、国土の一二%を割譲した。大戦後は中立を国是としつつ、一九四八年に西側の国では唯一、ソ連と友好協力相互援助条約を結んだ。これは苦肉の策だった。

「フィンランド化」は同国の政治プロセスに旧ソ連が過大な影響力を及ぼすことを認めることで、ソ連による占領を免れ、独立した民主主義国家として存続することを可能にした。旧ソ連の崩壊を受けて友好条約は失効。冷戦後の一九九五年にはEUに加盟して共通外交安全保障政策の枠組みに入ったことにより、フィンランド化の状態は終わった。

目指すはEU加盟

ウクライナのコルスンスキー駐日大使は二月九日、東京都内の日本記者クラブでの記者会見で、マクロン大統領の発言について聞かれ、「フィンランド化とは、安全保障と引き換えに国家主権を譲り渡すことだ」と切り捨てた。

ウクライナのNATO加盟については、ゼレンスキー大統領はロシアの侵攻以前、「希望している」とし、意欲を示していた。一方ロシアは、NATOの東方拡大停止を求めているが、ドイツのショルツ首相は二月一五日、モスクワでのプーチン大統領との共同記者会見で、「(ウクライナの加盟は)議題になっていない」「私たちが在任している限り、提起される問題ではない」と述べた。

今回の危機に関連して、ロシアはEUの拡大については言及していないようだが、米紙ニューヨーク・タイムズのコラムニスト、トマス・フリードマンは、ロシアのプーチン大統領が最も恐れているのは、EU加盟が実現することだとの見方を示した。フリードマンはロシアが抱くNATOの東方拡大への懸念に理解を示し、「NATOとロシアは、ウクライナがかつてのフィンランドのように地政学的に中立となることに合意すべきだ」との見方を示した。そのうえで、「ロシアのプーチン大統領は、実際にはウクライナのNATO加盟を恐れておらず、本当に恐れているのはウクライナがいつの日かEUに加盟することだ」と述べた。西欧化が進むことにより、ウクライナが脆弱な民主主義体制を強固なものにし、国内政治の腐敗と専制的な「プーチン主義」を締め出すことができるからだと付け加えた。

EU加盟を目指すウクライナは、その前段階として二〇一四年三月二一日、政治経済関係を一層緊密化するために「連合協定」に調印。これは、EU域内では加盟の前段階とみられている。フリードマンは、ロシアはウクライナとEUの関係緊密化に危機感を抱き、同年二月から三月にかけて、ウクライナ南部クリミア半島を一方的に併合し、ウクライナ東部ドンバスで親ロシア派の武装勢力への支援を開始したと指摘した。

フリードマンは、ウクライナ危機の本質は、NATO軍がロシア国境に迫ってくることだけではなく、EUが勢力圏を拡大し、ウクライナがロシアなしでもやっていける、民主主義的な自由経済に生まれ変わることだと断じた。

イデオロギー対立が色濃く影を落とした、米ソ間の東西冷戦時代と比べて、米欧のNATOとロシアの対立の背景には、民主主義と市場経済を理念とするEUの浸透力が強まっている状況があると言えそうだ。

ロシアとNATO

NATOはロシアのウクライナへの軍事侵攻を受けて、ウクライナへ大規模な武器援助を行っている。しかし、ウクライナに提供される武器はロシアを追い詰めることにつながる戦闘機や最新鋭の戦車、射程の長いロケット砲・ミサイルは含まれず、ロシア軍をウクライナ領内から追い出すために必要な能力を有する武器に限定されている。ロシアを存続の危機にまで追い詰めれば核兵器を使用しかねない、とNATOは懸念しているからだ。米国は米軍をウクライナに派遣しない方針も言明している。

ロシアのプーチン大統領は、「もしウクライナに射程の長いミサイルが提供されれば、我々は新たな標的を攻撃するだろう。破壊するための手段はいくらでもある」と威嚇的な言辞を吐いている。核兵器という「ダモクレスの剣」が人類の頭上にぶら下がっている状況で、米国の政策はやむを得ないものだろう。ウクライナ戦争は、奇妙と言えば奇妙な戦争だ。

六月末のマドリードNATO首脳会議で発表された新戦略概念はロシアを「パートナー国」から事実上の「敵」に規定し直しており、冷戦時代のロジックをほうふつとさせる。ウクライナへの武器供与をめぐっては、NATO内でもトーンの違いが見られる。ロシアと直接国境を接するバルト三国などはロシアの「徹底的な弱体化」につながる武器供与を主張。一方、国境を接しない独仏伊などは好機をとらえて停戦交渉に持ち込むことを狙っているようだ。

ロシアとEU

EUとその前身のECにとって、一九九一年末のソ連崩壊後、ロシアは軍事的脅威の対象から、経済面や民主主義への移行の面で支援対象に、さらにパートナー関係に大きく変化した。

ECは、ソ連が崩壊する二年前の一九八九年一二月にソ連と貿易・経済協力協定を結んでいた。ソ連が崩壊し、ロシアなど一二カ国で構成する独立国家共同体（CIS）が発足した後、これら一二カ国の民主化と市場経済化を支援するためにCIS諸国技術支援計画（TACIS）が始まった。TACISは、環境、エネルギー、農業、原子力安全、行政改革、司法改革、組織犯罪、テロとの戦い、移民問題、教育などでの取り組みを後押しする内容となっている。

さらにEUとロシアは一九九三年一一月、初の首脳会議をモスクワで開いた。当時のEU議長国ベルギーのデハーネ首相がベルギー空軍機で氷点下のモスクワに飛び、開催された。ドロール欧州委員会委員長が帰途、筆者を含む同行記者団に対し、「ロシアは『欧州への回帰』を強く希望している」と述べたことが強く印象に残っている。これ以降、ほとんど一年に二回のペースで、EUとロシア間での首脳会議が開かれてきた。

一九九四年にはEUは、ロシアとの間で「パートナーシップ協力協定（PCA）」を締結した（発効は一九九七年）。PCAは前文で法の支配や人権尊重の重要性、環境保護で緊密な協力、宇宙開発での協力、情報のフローの改善などをうたっている。第一条では目的を、①政治対話、②貿易投資関係の促進、③ロシアの民主化と市場経済化の完遂の支援、④経済、社会、金融、文化の各側面での協力、⑤自由貿易圏創設のための条件整備、などと規定した。二〇〇三年にサンクトペテルブルクで開かれた首脳会議では、協力強化のためにPCAの枠内で、①経済と地球環境、②自由・安全・司法、③対外安全保障、④文化的側面を含む研究と教育、の四つの特定政策領域（「共通空間」）を創設することで合意した。

一方、二〇〇八年から二〇〇九年にかけて、EUとロシアの間では、ジョージア紛争と、ウクライナを経由するロシア産天然ガスのEUへの供給中断という摩擦が生じた。二〇〇八年八月に発生したジョージア紛争では、EUはロシアの軍事行動を非難するとともに、当時のEU議長国フランスのサルコジ大統領が仲介に乗り出し、和平合意を成立させ、ロシア軍の撤退につながった。しかし、ジョージアが米国の後ろ盾でNATOへの加盟を希望していることに対してロシアが神経をとがらせていることもあり、ジョージア情勢の先行きも、ウクライナ同様不透明だ。

エネルギーをめぐるEUとロシアの関係は、二〇〇八年春までのプーチン政権第二期の間に、「政治化」された。この背景には、世界エネルギー市場の拡大、欧州天然ガス市場の自由化、ロシアなどにおけるエネルギー分野の「再国有化」が挙げられよう。ロシアにとって、エネルギーはパワーを発揮する手段となり、一方EUは、エネルギーは市場原理にゆだねられるべきだと主張しており、このため、両者間のエネルギーをめぐる問題は徐々に「政治問題化」してきた。これは脅威とリスクを伴う言説となってきた。第一期プーチン政権では欧州とロシアの「協力」の要因であったエネルギー関係が、次第に「緊張」の要因になってきた。

エネルギー分野での結び付きに加えて、ロシアにとってEUは最大の貿易相手である。一方、EUにとってもロシアは三番目に大きな輸出市場だ。

しかし、EUはジョージア紛争などに見られるように、ロシアの「大国主義的行動」に強く反発している。こうした中で、EUはロシアと「戦略的パートナーシップ」を築こうとしてきた。

ただ、ロシアのウクライナへの軍事侵攻がすべてを変えてしまった。

欧州で大戦後最大の難民危機

ロシアの軍事侵攻後、ウクライナからポーランドなど近隣諸国への難民の大量流入が急速に増加した。国連によれば、ロシアが二月に侵攻を開始した後、ウクライナから国外に脱出した人が八月三日時点で一千万人を超えたという。ウクライナ難民は一〇三二万人で、出国先はポーランドが五一一万人、ロシアが一九五万人、ハンガリーが一〇九万人、ルーマニアが九五万人と続く。国内避難民も七〇〇万人に迫る勢いだ。

難民は、一九五一年に採択された「難民の地位に関する条約」により、人種、宗教、国籍、政治的意見などを理由に国籍を有する国において迫害の恐れがあるため外国に逃れている、または逃れることを希望する者と定義されている。

こうした中で難民を受け入れる周辺国のコストは膨らみ続けている。初期費用だけでなく、食事や住宅の提供コストに加えて、職探しや子どもの教育などに関連する定住費用を勘案すると、受け入れ国の負担は膨れ上がる。こうしたコストをどのように捻出すればよいのか。周辺国のウクライナ難民の当初受け入れ費用についてはさまざまな試算があるが、米紙ニューヨーク・タイムズは初年度で三〇〇億ドルに達するとの試算を紹介している。

欧州経済はウクライナ危機が始まる前から、三年目を迎えた新型コロナウイルス禍や、製造業の製品・部品のサプライチェーン（供給網）の混乱、インフレ高進への対応で巨額の資金支出を余儀なくされてきたが、これにウクライナ難民への手当て費用が加わる。ウクライナから脱出する非白人の難民への差別的とも取られる待遇も報道されている。例えばインドやアフリカ諸国からウクライナに留学していた若者が、ポーランドなどで受けた辛い体験を欧米の新聞などに語っている。

二一世紀に入って欧州を襲った最大規模の難民危機は二〇一五年に起きた。シリアを中心に、中東や北アフリカから約一三〇万人の難民が欧州に押し寄せ、大半はドイツや北欧諸国を目指した。今回の難民の数はその比ではない。

ウクライナ難民がポーランドやハンガリー、ルーマニア、スロバキアなどNATOとE

U両方に加盟する近隣諸国に大量に流入している背景には、ロシアがウクライナ主要都市を無差別に攻撃し、住民が逃げ出さざるを得ない状況を作り出し、近隣諸国へ圧力をかけているためだとの指摘もある。これは裏返せば、圧倒的な軍事力の優位を誇るとされるロシア軍がウクライナ軍を攻めあぐねている中で、難民が押し寄せることでNATO／EU諸国の社会を混乱させようという意図があるのではないかと見られている。難民の「武器化」ともいえよう。

中東・アフリカ難民の大量流入は欧州の社会でさまざまな軋轢を生んだが、ドイツのシリア難民はおおむね新天地に溶け込み、それぞれの仕事を通じて地域社会に貢献している人が多いとされる。同様に、ウクライナ難民が受け入れ国に定住した場合、社会に貢献する期待の声もある。ウクライナは学校教育の平均年数が一一年超（国連調べ）と高く、職業を通じて受け入れ国の生産能力を高めることが期待されるとともに、納税や消費を通じて受け入れ国の経済の拡大につながるのではないかとの見方もある。

EUはウクライナ難民に対し、これまで中東・アフリカ難民に対して行ってきた扱いとは様変わりの厚遇を打ち出している。ウクライナ難民は「一時保護」扱いとし、ひとまず最長三年間の滞在を認め、就職や子どもの教育などで便宜を図っている。EUは三月中旬、ウクライナ難民への人道的支援として五億ユーロの支出を約束。EU加盟国に対しても拠出拡大を促している。

国外に避難したウクライナ難民の大半は女性と子ども、それに高齢者だ。これは、一八～六〇歳の男性は国内にとどまり、ロシア軍と戦うことを求められているからだ。

米国のポーランド外交筋によると、ウクライナ難民はポーランドの一般家庭におおむね受け入れられているという。そして、これまでのところ難民キャンプはできておらず、難民受け入れが比較的スムーズに進んでいる背景として、ポーランドにはすでに一五〇万人のウクライナ移民が居住している点を挙げている。現在、ウクライナ難民危機の「最前線」にあるポーランドとハンガリーは、二〇一五年に中東・北アフリカから大量の難民が欧州に流入した際、EU諸国の中で最も受け入れに消極的な加盟国だったとされる。「歴史のアイロニー（皮肉）」としか言いようがないのかもしれない。

ただ、ポーランドやハンガリーの「二重基準」をあげつらうことではウクライナ難民危機は解決しない。国際社会は二国間ベースに加えて、国連など国際機関を通じて、ポーランドなど受け入れ国に対するさまざまな支援を強化する必要に迫られている。

穀物輸出滞り、世界食料危機の懸念

ウクライナは肥沃な土地に恵まれ、小麦やトウモロコシなどの穀物生産が盛んで、「欧州の穀倉」と呼ばれ、欧州だけでなく多くのアジア・アフリカ諸国にも輸出されていた。

しかし、ロシアのウクライナへの軍事侵攻は様相を一変させた。

ロシアは黒海を封鎖し、オデーサやマリウポリなどの港で穀物などの食料輸出をストップさせた。ウクライナの港には大量の穀物が滞留し、ウクライナ産穀物に依存する中東・アフリカ諸国を直撃。世界食料危機さえ懸念されるようになった。

こうした事態を打開するためにトルコと国連の仲介で、ウクライナとロシアが輸出再開に向けてトルコの最大都市イスタンブールで協議し、安全に輸出するための「共同調整センター」の設置や、機雷除去による航路の安全確保などについて七月下旬に合意した。これを受けて八月一日、オデーサの港からレバノン向けにトウモロコシ二万六〇〇〇トンを積んだ最初の貨物船が出港した。事態打開に向けて一歩前進した。ウクライナの港には二〇二一年に収穫された二〇〇〇万トンの穀物が滞留しているが、一カ月分の輸送量が侵攻前の五〇〇〇万トンに到達すれば四カ月間で滞留を解消できる見込みだ。

ウクライナは小麦の輸出量が世界で第五位、トウモロコシが四位。小麦の世界シェアはウクライナとロシアを合わせて二五%に達する。国連世界食糧計画（WFP）によると、世界で深刻な食料不足に陥っている人々は約三億四五〇〇万人に上る。紛争や地球温暖化による異常気象、新型コロナウイルス感染症の拡大に加え、ウクライナ危機が食料危機に拍車をかけた。

地理的な要因もあり、ウクライナ産穀物への依存度は中東・アフリカで高い。アフリカで穀物不足が深刻なのは西アフリカと中央アフリカで、穀物供給でウクライナとロシア両国への依存度が高い国は特に厳しい状況に直面している。ロシアもアフリカへの供給大国だ。両国への依存度が高いのはソマリア（一〇〇％）、ベナン（一〇〇％）、エジプト（八二％）、セネガル（六六％）などだ。WFPによると、アフリカでは主食の価格が過去五年間で四〇％上昇した国もあった。西アフリカと中央アフリカでは二〇二二年、四一〇〇万人が食料不足に追い込まれると予測している。EUのボレル外交安全保障担当上級代表（外相）は、ロシアは「小麦を武器として使っている」と非難した。

懸念される世界食料危機をめぐって、米ロは非難合戦を繰り広げている。

米国際開発庁のパワー長官は、ウクライナにおける軍事作戦を通じて「世界の貧しい人々に対して戦争を仕掛けている」とロシアのプーチン大統領を非難。同長官はまた中国には、WFPへの今年の拠出金が米国が三九億ドルなのに対して、中国は三〇〇万ドルにしか過ぎないと「吝嗇《りんしょく》」ぶりを指摘した。これに対してロシアのラブロフ外相は、世界的な食料価格の高騰は西側のせいだとして、根拠を挙げずに非難した。

イスタンブール合意にもかかわらず、専門家らは世界食料危機の懸念は緩和されないだろうとし、グテーレス国連事務総長も、この危機は数年続く可能性があると見ている。

イスタンブール合意が成立する以前から、ウクライナと欧州諸国は代替ルート探しに躍起になっていた。代替ルートは三つあり、①ポーランド経由ルート、②ルーマニア経由ルート、③ベラルーシ〜バルト三国経由ルートだ。ポーランド・ルートはトラックを使うが、輸送可能量が限られており、加えて燃料コストもかさむという難点がある。ルーマニア・ルートは貨物列車やドナウ川のバージ（はしけ）を利用するが、このルートでは大量輸送は見込めない。加えてウクライナとルーマニアでは線路幅が違うため、国境で台車を使って積み替えなければならないという手間が生じる。三番目のベラルーシ〜バルト三国ルートは政治問題をはらんでいる。ベラルーシはロシアの「同盟国」であり、EUは同国のルカシェンコ大統領の反政府抗議活動弾圧を問題視して、制裁を科している。もしベラルーシ側から穀物輸送の許可を得るために、EUが同国に対する制裁を部分的にでも解除することになれば、EU域内で政治問題化しそうだ。米紙ニューヨーク・タイムズによると、米国とEUの首脳は、飢餓に直面する人々に食料を提供するのは最優先事項だが、ロシア、もしくはベラルーシに「褒美を与えることなくいかにしてそれを実現するか」について西側内部で厳しい対立があるという。米国とウクライナはロシアの軍事侵攻に対する制裁の解除には反対しているが、ベラルーシについては取引を行う可能性を排除していない。

国連のWFPによると、世界中で五〇〇〇万人が飢餓の瀬戸際にあるという。打撃が大きい二〇カ国では、二〇二四年夏の終わりまでに状況は大幅に悪化するだろうとみられている。世界人口の約一〇％に当たる八億八〇〇万人が昨年、栄養不足の状態だったという。ウクライナの穀物エレベーターには昨年収穫された二〇〇〇万トンの小麦やトウモロコシが滞留しているが、数カ月後には次の収穫が控えており、新たに五〇〇〇万トンが滞留分に加わることになる。

アフリカの人々を飢えさせないだけの十分な穀物があるにもかかわらず、戦争によって、飢餓が広がる事態は二一世紀の悲劇ではないだろうか。

化石燃料の対ロ依存削減へ

ロシアがウクライナへの軍事侵攻を二月二四日に開始してから三週間以上が経過した時点を振り返ってみよう。それまでに西側はさまざまな対ロ制裁に踏み切った。その中にはロシアの最重要産業であるエネルギーに焦点を合わせた一連の対抗措置もある。

米国はロシア産の原油や天然ガスの輸入を直ちに禁止。EUは天然ガスに的を絞り、ロシア産への依存を大幅に減らす計画を打ち出した。しかし、輸入の約四割をロシア産に頼っていたため、実現へのハードルは高いようだ。欧州では天然ガスの指標価格が一年前の二〇倍に跳ね上がった。

エネルギー分野をはじめとして対ロ貿易が急激に縮小する中で、ロシアの国内総生産（GDP）は二〇二二年は九・七％縮小すると予想されており、これに対して西側諸国のGDP減少幅は〇・一七％にとどまる見込みだ。

EUの行政を担う欧州委員会は三月八日、二〇三〇年までにロシアの化石燃料への依存から脱却する計画を発表した。フォンデアライエン欧州委員長は声明で、「我々をあからさまに脅す供給者を頼りにすることはできない」と強調した。域内消費の約四割を頼るロシア産天然ガスの代わりとして、液化天然ガス（LNG）の輸入拡大などで調達先を多様化する。具体的には米国からのLNG輸入を増やし、アジア向けのカタール産LNGの一部が欧州向けに変更される。棚上げになっていたアルジェリアから地中海、スペイン、フランスを経由してドイツに達するパイプライン計画も復活しそうだ。また、再生可能エネルギーで生産した水素なども増やし、ロシアからの輸入量を二〇二二年末まで六割超減らす計画だ。一方、米国が三月八日に新たなロシア制裁として発表した同国産資源の輸入禁止には、EUは現時点では参加していない。ロシアへの資源依存度が高いドイツやイタリアを中心に、即時の供給途絶による経済・社会の混乱を懸念する声が根強く、当面は依存度引き下げで対応する構えだ。特にドイツは二〇二二年末までに原子力発電への依存から脱却し、長期的に石炭火力発電も停止する政策を打ち出しており、エネルギー供給の確保で厳しい状況に直面している。

EUは来冬の需要増に備え、貯蔵能力の三〇%以下に減少している域内のガス在庫を一〇月までに九〇%超に引き上げることを目指す。一方、EUの既存の脱炭素化策を計画通りに実行し、ガス消費量も二〇三〇年までに三〇%減らすことで依存脱却の実現を図る。一見、「綱渡り」とも見える対応だ。

ロシアのウクライナ侵攻で加速したエネルギー価格高騰への対策も拡充する。EU加盟国が、価格高騰でエネルギー企業が偶発的に得た利益に課税できるようにするほか、EUの国家補助金ルールを緩和し、損害を被る企業に資金援助できるようにする。

ロシアのエネルギー産業に降りかかってくる火の粉は、石油や天然ガスの輸入削減・禁止だけではない。冷戦終結後、約三〇年間にわたってロシアのエネルギー事業への投資を進めてきたBPやシェル、エクソンモービルなどの欧米石油メジャーが次々と撤退を表明しているのだ。ただ、フランスのトタルのようにロシアでの事業を継続する企業もある。

ロシア離れはエネルギー企業の間だけではなく、世界の主要な海運会社や保険会社の間でも広がっており、ロシア産原油を敬遠する動きが目立つようになった。欧米の禁輸や輸入削減で行き場を失った日量約五〇〇万バレルの新市場をロシアは探さなければならないが、中国がそのうちの一つになることは間違いない。ただ、中国はロシアの足元を見て厳しい値引きを迫る可能性がある。

一方、欧米諸国はロシアに代わる原油や天然ガスの新たな調達先を探す必要がある。有力な調達先としてはサウジアラビア、アラブ首長国連邦（UAE）、カタールの中東三カ国が挙げられよう。三カ国の余剰生産能力は合計で日量約二五〇万バレルだ。イランとベネズエラの余剰生産能力は合わせて約一五〇万バレルに達するが、対米関係がこじれている現状では新調達先としては望み薄だ。

世界の原油市場は一九七〇年代の二度にわたる石油危機以来、最も厳しい混乱期を迎えている。

ＥＵ最大の経済規模を誇るドイツは、天然ガスの調達でロシア産に六〇％超依存してきた。ロシアのウクライナ侵攻が始まる前に、ドイツはロシアからの天然ガス輸入を大幅に増やすため、新たなパイプライン「ノルドストリーム2」の敷設をバルト海経由で完了し、二〇二二年の秋以降の稼働開始に向けて、ドイツ国内で承認プロセスが進んできた。しかし、ウクライナ侵攻を受けて、ドイツは対ロ制裁の一環として、このプロセスを停止した。

欧州では、ロシア産原油や天然ガスを輸入し続けることは、ロシアの「血塗られた戦争遂行」を間接的に支援することにつながるとの批判が強い。欧州ではエネルギーの新たな供給先を確保するために、米国との連携を強化すべきだとの声が強まっており、新たな「大西洋協定（Atlantic Pact）」などを締結する構想が浮上している。

欧州のエネルギー事情はその後、一層混迷を深めた。EUは五月三〇日、ブリュッセルで開いた首脳会議でロシア産石油の輸入禁止で合意した。しかし、ハンガリーが「経済への核爆弾」（オルバーン首相）などと反発。その結果、EUはハンガリーに配慮して、禁輸からパイプライン輸送分を除き、タンカーによる海上輸送分のみを対象とすることとした。ハンガリー、チェコ、スロバキアの東欧三カ国はロシア産石油のパイプライン経由による輸入の禁止措置を免除される。特にハンガリーに対しては禁輸措置の対象から除外する具体的な猶予期間は定めなかった。それでも年内にはEU域内でロシア産石油輸入の九二％がストップするとみられ、ロシアに財政面での打撃を与えそうだ。一方EU諸国は、エネルギーの供給不足や原油価格のさらなる上昇という「返り血」を浴びかねない。

EU側はロシアからの石油輸入代金として二月二四日のウクライナ侵攻以後も毎月約三〇〇億ユーロ支払っているとされる。一方では制裁を科しながら、他方では戦争継続を後押しする構図だ。EU統計局によると、EUの原油輸入のうちロシアからの輸入は二五％を占めており、最大の供給元だ。EUのミシェル大統領は「戦争を終わらせるためのロシアに対する最大限の圧力だ」と合意の成果を強調している。

今後の焦点は、ＥＵにおける消費の約四割を占めるロシア産天然ガスだ。ポーランドやバルト三国は早期の禁輸を主張するが、ドイツなどは慎重な姿勢を崩していない。ロシアはバルト海を経由する既存のパイプライン「ノルドストリーム1」のドイツ向けの供給を、タービン補修の口実で七月に入ってから通常の二〇％にまで絞り、ドイツ経済に打撃を与えている。英紙フィナンシャル・タイムズは、この影響で同国経済は景気後退する可能性があるという。ロシアはポーランドやブルガリアのほか、オランダへのガス供給も停止し、欧州へのさらなる揺さぶりをかける。ロシアとのせめぎ合いでＥＵ諸国が団結を維持できるか。ＥＵは正念場を迎えている。

こうした中でＥＵはロシア産化石燃料への依存から脱却することが急務だと認識しており、そのためには天然ガスの調達先の多様化や、太陽光や風力を柱とする再生可能エネルギーの導入加速化を図る方針だ。ＥＵ欧州委員会は化石燃料の脱ロシア依存を二〇二七年に達成するための「リパワーＥＵ」計画をまとめ、再生可能エネルギーのさらなる導入のために三〇〇〇億ユーロを投じる方針だ。太陽光パネル発電では、域内で新築される住宅にパネルの設置を義務付ける。公共の建物には二〇二六年から、民間の建物には二〇二九年から適用される。風力発電では、現在約九年かかる認可手続きを短縮する。燃料電池や水素燃料については、ＥＵで「購入共同体」などを結成して、より安価な調達を目指す。

EUは二〇三〇年までに再生可能エネルギーの割合を四五％にまで引き上げることを目指している。必要な資金についてはEU予算や、二酸化炭素の排出権取引による収入からの充当を検討しているが、ドイツなどの産業界は実現の方法がまだ詰められていないなどと指摘している。

ドイツは今後、冬場の天然ガス需要期を控えて、ロシアによる供給削減分をどのようにカバーするか、厳しい選択を迫られている。

中ロ連携への警戒

EUにとって中国は最大の貿易パートナーだが、新疆《しんきょう》ウイグル自治区での大規模な人権侵害の疑惑が深まる中、中EU関係はぎくしゃくしていた。そこにロシアがウクライナに軍事侵攻し、今度はEU側は米国とともに中ロ連携を警戒するようになった。

EUは四月に入ってオンライン形式で開かれた中国との首脳会談で、ロシアのウクライナ侵攻を支援すれば「中国の欧州での信用が大きく失墜することにつながる」と警告した。EU側は中国に対し、制裁逃れや軍装備品の提供などでロシアを支援しないよう求めるとともに停戦に尽力するよう促した。

しかし、米紙ニューヨーク・タイムズは、中国の本心はロシア支援だとみているようだ。

中国は国際社会に対しては、ウクライナでの戦争ではどちらにも味方せず傍観者であり、平和を希求しているだけだとしているが、国内では共産党は、ロシアを侵略者ではなく（西側との関係において）長年苦しんできた被害者であるとのキャンペーンを展開し、中国がロシアとの強い絆を保つことは必須であると信じている節がある。

EU欧州委員会のフォンデアライエン委員長は、中国共産党の習近平主席との首脳会談後の記者会見で、ウクライナに侵攻したことで信用を失ったロシアから国際企業が相次いで撤退している現状を挙げ、「企業は事態を注視し、各国がどういう立場を取るのか見極めている」とも指摘。ロシア支援に回れば中国の最大の貿易相手であるEUとの関係悪化は避けられず、中国の利益にはならないと訴えた。

一方、習主席は会談で、情勢安定化に向けた欧中の協調の必要性を強調しつつ、「各国の庶民に重い代価を払わせてはならない」と米欧の制裁に改めて反対の姿勢を示した。これに対してフォンデアライエンは「制裁を支持しないなら少なくとも邪魔をしないようにすべきだ」とクギを刺した。

アナリストらによると、中国が西側の対ロ制裁破りを行っている兆候はみられない。それどころか、中国の国営石油精製企業は、大幅な値引きオファーにもかかわらず、ロシアとの新たな石油購入契約の締結を避けているという。さらに中国最大の石油精製企業シノペックは、ロシアでの石油化学関連事業への投資をめぐる交渉を中断したという。

それでも中国は、ウクライナにおける明らかにロシア軍の仕業とみられる多数の民間人虐殺の報道にもかかわらず、ロシアへの外交面での「黙示的」な支援を取り下げるそぶりは見せていない。ロシアを国連人権理事会の理事国の座から追放する国連総会の決議にも反対した。

習主席は「西側の支配」に対抗する、専制主義的な陣営の指導者の仲間とロシアのプーチン大統領をみなしており、ウクライナの軍事侵攻でプーチンを非難することは避けてきた。そして中国は、ウクライナ危機を終わらせるための後押しをするよう西側から圧力をかけられているにもかかわらず、平和を呼びかけること以外、ほとんど何もしてこなかった。

米国のバイデン政権は、ウクライナでの戦争を民主主義と専制主義の戦いと位置付けているが、それに対して中国は、米国が主導する勢力の連合がウクライナや世界各地での紛争の源泉であると反論している。そして中国は、同国とロシアが、西側政府によって支援されている（と彼らが主張する）、二〇〇四年のウクライナのオレンジ革命などの「カラー革命と呼ばれる反乱」によって悩まされてきたとしている。

中国共産党はウクライナ危機が始まった後、危機には直接言及しないものの、旧ソ連崩壊についてのドキュメンタリー・ビデオを使って、党員の思想引き締めのためのキャンペーンを展開していると、ニューヨーク・タイムズは報じている。このドキュメンタリー・ビデオは「歴史的ニヒリズムとソ連の崩壊」というタイトルで、習主席に対する党員の忠誠心を維持するのが目的とされる。ドキュメンタリーはソ連の崩壊の原因として、中国政府が「歴史的ニヒリズム」と呼ぶ政治的自由化を挙げている。特に、ソ連共産党のフルシチョフ書記長と、ペレストロイカ（改革）などを推進したゴルバチョフ書記長に対しては批判的で、彼らは過ちを犯したとして「（西側に）だまされやすい人」と決め付けている。そのうえで、ゴルバチョフ指導部はソ連崩壊に至る過程でイデオロギー的バックボーンを欠き、西側による政治的な転覆の策動にさらされたとしている。そしてドキュメンタリーは、ウクライナ危機における本当の悪者は、ロシアの安全保障環境を損なおうとする、米国と米主導のNATOだと決め付けている。

中国の欧米との貿易額は中ロ貿易の一〇倍以上とされる。こうした状況を考慮して、中国は対ロ制裁破りに踏み切るのをためらっているようだ。その一方で、中国はロシアとの経済協力も続ける方針で、当面は、中国はウクライナ危機や欧州の安全保障には深く関与しないで静観するとみられる。

同時に、国連総会でのロシア非難決議に棄権票を投じたように、ロシアを政治支援する姿勢が透けて見える。そして中国共産党内部では、中国がソ連崩壊の轍《てつ》を踏まないようにするため、西側の支配を警戒する目的の思想的引き締めを強めているようだ。中国共産党は国際社会向けと国内向けの顔をしたたかに使い分けている。

ＮＡＴＯは六月末の首脳会議で採択した新たな戦略概念で、中国は「威圧的な政策」で欧米各国が重視する民主主義の価値や安全保障に挑戦していると指摘、これに対して中国政府は猛反発した。中国外務省の超立堅副報道局長は六月三〇日の記者会見で、ＮＡＴＯが戦略概念で初めて中国に言及したことについて、「冷戦思考とイデオロギーの偏見に満ちており、断固反対だ」と反発。超は自国を「平和の建設者」と主張し、「中国の脅威を主張してもまったく無駄だ。ＮＡＴＯは直ちに中国へのいわれのない非難と挑発的な言辞をやめ、時代遅れの理念を放棄しなければならない」と訴えた。

ＮＡＴＯの新戦略概念はロシアと中国の関係について、両国が戦略的な関係を深め、法の支配に基づく国際秩序を揺るがせようと協力し合っているとの危機感を表明し、海上航行の自由の確保も含めて中国に立ち向かうとの決意を示した。そのうえで、インド太平洋地域で問題が起きると、欧州、北大西洋地域にも影響が及ぶ可能性があるとし、日本を含むパートナー国との連携強化を打ち出した。

英紙フィナンシャル・タイムズは、ロシアは西側諸国によって「存続の危機」に追い込まれている一方、中国については「信頼できるパートナー」とみなしているようだとしている。さらに同紙は、歴史を振り返れば、五〇年前は共産主義のソ連と資本主義の西側の対立が歴史の主要テーマだったが、現在ではリベラルな資本主義の西側と「非リベラル（illiberal）」な資本主義の中国との対立が主要テーマであり、両者の間に位置する国々をめぐって今後、数十年間せめぎ合いが続くとみている。そのうえで、ソ連の共産主義体制の七〇年間は、ロシアを「非欧州化」しようとする最もラジカルな試みだったが、共産主義体制の指導者たちは、そのうち物質的な豊かさと制度改革のための政治・経済モデルを求めて西側に目を向けざるを得なかったと指摘した。こうした見方を延長すれば、プーチンのウクライナ戦争は、ロシアと西側の長期的かつ包括的な「分断」を保証するための「非合理的な賭け」と見えるかもしれないとしたうえで、実際は一九八〇年代半ばからロシア（旧ソ連）で見られる西側志向の進展を「元に戻す（なかったことにする）」ためのラジカルな努力である、とフィナンシャル・タイムズはみている。言い換えればウクライナ戦争は、ロシア人の西側志向を「反転」させ、ロシアを非西洋で非リベラルな勢力から成る国家連合の柱とすることが目的ということだ。

したたかなインドの全方位外交

ウクライナ戦争が始まって半年余りが経過したが、この間、大国間の外交的、経済的駆け引きが活発化する中で、二〇二二年中にも中国を追い抜いて世界最大の人口大国になると予想される、インドのしたたかな全方位外交が目立っている。

インドはロシアが主導する上海協力機構（SCO）の有力メンバーであると同時に、中国に対抗するために日米豪とともにクワッドの枠組みを形成している。

こうしたしたたかな全方位外交に対して米国は「（インドだけがロシアに対する態度が）少しあやふやだ」（バイデン大統領）と懸念を強めている。そしてロシアのウクライナ侵攻を受けて西側がロシアに科した制裁の事実上の「抜け道」をインドが提供していることに米国は苦々しく思っているに違いない。

一方、インドにとってロシアは長年の友好国であり、旧ソ連時代からロシアを後ろ盾とした安全保障政策を取ってきた。インドと対立する隣国パキスタンを中国が支援する中で、インドはソ連との絆を強めてきた側面もある。また、インドは武器のおよそ半分をロシアから購入している。

米紙ニューヨーク・タイムズによると、インドのロシア産原油の輸入は昨年日量平均三万三〇〇〇バレルで全体の一％足らずに過ぎないが、欧米の禁輸措置が始まった三月には六〇万バレルに急増、六月には一一五万バレルに達したとみられる。ロシア産原油はそれまでインドにとって最大の供給源であったイラクからの輸入量を上回ろうとしている。

こうした急増の背景には、①ロシア産原油が約三〇%の大幅値引きでオファーされた、②西側のイランやベネズエラなどの産油国に対する制裁でインドの原油調達先オプションが狭められ、価格も上昇してきた、点などが挙げられよう。さらに、インドは輸入した安価なロシア産原油を国内でガソリンやディーゼル油などに精製して輸出に回し、数十億ドルを稼いでいるとされる。そして、インドには日量五〇〇万バレルと大きな燃料精製能力があり、ロシア産原油の輸入をさらに日量三五万バレル増やすことも可能だという。中国も格安なロシア産原油の購入に走り、これは中国の原油調達先の多角化につながっている。

ニューヨーク・タイムズは、ウクライナ戦争開始から四カ月の時点でみると、ロシアの原油輸出は制裁にもかかわらずわずかに減っただけだとし、これは欧州向けの減少分をインドと中国が穴埋めした形となっているからだ、と報じた。さらに、中国やインドなどのアジア市場にロシア産原油が流入していることで、サウジアラビアやほかの中東諸国産の原油を置き換えつつあり、欧州に世界石油市場のシフトが起きているとも指摘した。

こうした中で、ウクライナ戦争でインドは中立を標榜している。インドは対話と外交を通じた解決を重視しており、モディ首相は「平和を求める動きに貢献する用意がある」と述べている。

インドの外交姿勢についてはさまざまな批判はあるものの、米欧とロシアの双方に深く関わっている立場を利用して、ウクライナでの停戦の実現、和平確立に積極的に動くことが期待される。

核の脅威への危機感

ウクライナに侵攻しているロシアのプーチン大統領が核兵器の使用の可能性を示唆したことで、世界は核戦争が勃発しかねないリスクに直面する時代に突入した。

一九九一年にソ連が崩壊した後、ウクライナは世界で第三位の核兵器保有国だった。旧ソ連時代から大量の核兵器がウクライナに物理的に貯蔵されており、それがソ連崩壊後にそのままウクライナに置かれていたからだ。ただ、ソ連を継承したロシアはウクライナの核兵器を電子的に管理していた。そうした中で、ウクライナ、ベラルーシ、カザフスタンの旧ソ連三カ国は、自国の安全を米ロ英の三カ国に保障してもらう代わりに、核兵器を物理的にロシアに引き渡すという「ブダペスト覚書」という合意文書に署名した。一九九四年一二月のことだった。仮にウクライナが核兵器を放棄しなかったならば、ロシアはウクライナに侵攻しなかったであろうと、ブダペスト覚書への署名を悔やむ声もウクライナでは聞かれるという。

ロシアはその後、合意を破棄した。

バイデン米大統領は、「ロシアが現在、核兵器を使用しようとする意向を持っている兆候は見当たらない」としつつも、「いかなる規模であれ、この（ウクライナ）紛争で核兵器を使用することは米国と世界にとってまったく容認できないし、厳しい結果をもたらすだろう」と警告した。ただ、バイデン政権の当局者は、「こうした結果はほぼ確実に非核兵器の分野にとどまるだろう」との見方を示した。具体的には通常兵器の使用、制裁の強化、一層の外交努力が考えられ、ロシアとの核戦争の回避が至上命題となろう。

プーチン大統領が核兵器の使用を命じるのは、ロシアが（ウクライナ戦争で）負けつつあるか、またはＮＡＴＯが介入しつつある、もしくは今にも介入しようとしている、と認識する時点とみられる。

ロシア軍はウクライナの原子力発電所を事実上の軍事基地化して、司令部や弾薬庫として使っていると報道されている。攻撃すれば核事故につながりかねないため、「核の盾」となっている。ロシアは軍事侵攻開始の当日（二月二四日）、北部にある旧ソ連のチョルノビリ（チェルノブイリ）原発を占拠、三月四日には原発への攻撃により訓練棟で火災が発生、また三月九日には電力供給が一時的に途絶えるなど、ロシア軍が三月末に撤退するまで大事故が起きかねない、危険で不安定な状態が続いた。七月二一日にはロシア軍は、中南部にある欧州最大の規模を誇るザポリージャ原発一号機に、少なくとも一四両の軍用車両を運び込み、兵士や大砲を配備、軍事基地化した。

　こうした中で、二〇二二年八月には、核兵器を減らし、拡散を防ぐ方策を話し合う核不拡散条約（NPT）の再検討会議がニューヨークの国連本部で開かれた。NPTで核保有が認められている米ロ英仏中の五カ国は二〇二二年一月、「核戦争に勝者はない。決して戦ってはならない」とする声明を発表していた。核軍縮交渉に弾みがつくと思われたが、翌二月にロシアがウクライナに侵攻し、核兵器の使用まで示唆したことで状況は一変した。長崎大学核兵器廃絶センターによると、世界の核弾頭総数は六月時点で推定一万六七二〇発。うちロシアが五七二〇発、米国が五四二五発で両国で全体の約九割を占める。この核保有二大国がウクライナ侵攻をきっかけに激しく対立。英仏中を交えた五カ国間の対話も滞り、軍縮の機運は急速に冷え込んだ。

　現在の核弾頭数が推定三五〇発と米国を大きく下回る中国も、「核戦争の災禍に遭うのを避ける」として核開発を推進する予定だ。米国防総省は中国の核弾頭数は二〇三〇年までに一〇〇〇発まで増加すると予測している。

　米政府はこうしたロシアや中国の動きをにらみ、三月公表の核政策の指針「核態勢の見直し」の概要で、「核抑止力の維持が最優先事項」と明記。バイデン政権が大統領選で掲げていた「核兵器の役割縮小」の公約は盛り込まれなかった。

フィンランドとスウェーデンの北欧二カ国がNATOへの加盟を決定したのも、NATOが米国の核を共有しているという理由が大きい。長く軍事的中立政策を取ってきた北欧勢をロシアの脅威が動かした。

核抑止力の再評価が広がる中、スウェーデンのストックホルム国際平和研究所は六月に発表した報告書で、これまで減少傾向にあった世界の核弾頭総数が、今後一〇年間に初めて増加に転じると分析している。

多大な人的・物的被害

国連は、ロシアの軍事侵攻が始まって半年が経過した二〇二二年八月二四日時点で、少なくとも五六一四人の民間人がウクライナで殺害されたと発表したが、同時に国連関係者は実数はこれを大幅に上回ると言う。アゾフスターリ製鉄所をめぐって激しい攻防が続いた南部の都市マリウポリでは、目撃者の証言や衛星画像などから民間人の死者は二万二〇〇〇人に上るとウクライナ政府関係者は見ている。

難民や国内避難民となることを余儀なくされたウクライナ人も多い。外国に逃げて難民となった市民は一千万人を超え、国内避難民は七〇〇万人近くに達すると推定されている。さらに、戦闘地域で道路や橋が破壊されたり、手元が不如意で逃げられず、戦闘地域に留まっている市民が一三〇〇万人に上ると試算されている。米紙ニューヨーク・タイムズが伝えた。

一方、ウクライナでは二月二四日に侵略が始まって以来、ロシア軍による砲撃やミサイル攻撃で、一八万戸の建物が破壊された。その中には一一万五〇〇〇戸の個人住宅、二二九〇の教育施設、九三四の医療施設、一九九一の商店、二七のショッピングセンター、七一五の文化施設、五一一の行政施設、二八の石油貯蔵所、一八の民間空港が含まれる。さらに、三一一の橋が破損、一八万八〇〇〇台の自家用車が破損するかもしくは押収され、二万四八〇〇キロにおよぶ道路が破損した。ウクライナにおける建物やインフラの被害総額は一一三六億ドルに上ると推定されている。

ウクライナ政府は、住民への基本サービスを維持し、経済を回していくためには毎月五〇億ドル必要だとしており、この数字は秋から冬にかけて増加し、いずれウクライナ経済の復興コストは七五〇〇億ドルに膨れ上がると見ている。

こうした中で西側諸国はウクライナへの軍事支援を継続しており、金額では米英が突出している。

米国は八月末、二九億八〇〇〇万ドルと過去最高となる新規援助を発表し、累計額は日本円換算で一兆円を超える。英国が続き四〇億ドル、三番目が欧州連合（EU）諸機関で二五億ドル、四番目がポーランドで一八億ドル、五番目がドイツで一二億ドルとなっている。ただ、西側はプーチン政権を過度に追い詰めないために、ロケット砲などの射程をロシア領に届かない距離に制限したり、高性能の戦車や戦闘機などの供与は控えている。

また、戦争はウクライナの農民やアグリビジネスに二三〇億ドル分の利益機会の逸失や、農業機械の破壊、余分の輸送コスト負担に直面させている。

ウクライナ戦争が始まって半年余り、欧州で第二次世界大戦後、最大規模の戦争となったが、戦況は膠着状態が続き、終わりは見えず、長期化が懸念される。

四州を一方的に併合

二〇二二年九月にはウクライナの反転軍事攻勢が目立つようになり、戦略的要衝である北東部ハルキウ州を奪還した。これに対して、プーチン政権は二つのカードを切った。最大三〇万人とされる予備役の招集によるウクライナへの増派と、西側が「茶番劇」と批判する「住民投票」に基づく、ドネツク州など東部・南部の占領地域四州の「強制的併合」宣言だ。兵力増派の発表はフィンランドやジョージア、カザフスタンなど近隣国への数万人単位に上るロシア人脱出の引き金となった。強制併合は四州を「核で守るロシア領」とすることにより、ウクライナ軍による攻撃をためらわせることを狙っているとみられるが、四州で戦闘が止む気配はみられない。

ウクライナ、NATO加盟手続きの加速化求める

ウクライナのゼレンスキー大統領は二〇二二年九月三〇日の演説で、ロシアによるウクライナ四州の一方的併合は「自分のものでないものを盗もうとする試みだ」と述べ、「ロシアは殺人や拷問、脅迫、嘘によって歴史を書き換え、国境線を引き直すことを望んでいる」と非難した。そのうえでゼレンスキーは、ウクライナのNATO加盟問題に関連して、「我々はNATOへの早期加盟に向けた申請書に署名するという決定的な措置をとった」と述べ、NATO加盟手続きの加速化を求めた。

大統領は、NATO加盟についてこれまで「MAP（加盟行動計画）」達成の必要性に言及していたが、ロシアによるウクライナ四州の強制併合宣言を受けて、加盟への路線を修正したとみられる（「ウクライナの西側志向」の節も参照）。二二年七月に、加盟三〇カ国の合意で、通常の手続きであるMAPを省略して加盟議定書に署名したフィンランドとスウェーデンの例も、ゼレンスキーの念頭にはあったに違いない。

ゼレンスキーは、ウクライナはNATO加盟国と戦場を含めてあらゆる側面で（装備などの）相互運用性を実証しており、NATO加盟への道を「事実上（de facto）」踏破して

いると述べ、ウクライナは「法的（de jure）」にもNATO加盟を目指しているとの見解を示した。

ただ、ウクライナ戦争が続いている間にウクライナの加盟が認められる可能性は低いとみるのが順当だろう。

ゼレンスキー大統領は、演説で「プーチンは尊厳と誠実さが何であるかを知らない」と不信感を露わにし、ウクライナは共存のための「ロシアとの対話の用意はある」ものの、「この大統領とは（交渉が）不可能なのは明らかだ」と切り捨てた。

混迷は深まるばかりだ。

［コラム］日本とNATO

一九九〇年代初頭、当時のウェルナーNATO事務総長が日本を訪問したことがあった。彼は日本の空港に到着した際、声明を読み上げる準備をしていたが、空港に記者が現れず、失望したという話を日本の在ベルギー大使館の関係者から聞いたことがある。

冷戦時代とポスト冷戦時代を通じて、日本ではNATOへの関心は薄かったし、関係はそもそも疎遠だった。それどころか、「独特の平和主義」が支配する日本では、米国が主導する主要な「軍事同盟」で、米国の世界戦略の主要な柱であるNATOに対し、敵意を抱く者さえ少なくなかった。

冷戦後、NATOがそのミッションを集団防衛だけでなく、域外を含む紛争地での危機管理・復興支援にまで手を広げたので、平和維持活動や復興支援などの分野で日本の自衛隊と接点ができるようになった。例えばアフリカ・ソマリア沖での海賊対策パトロールや、パキスタンの地震被災地での救助活動などだ。制度的な枠組みも次第に整うようになった。一九九三年からは毎年、日本NATO高級実務レベル協議が開催されてきた。

そして、二〇〇七年一月には、当時の安倍晋三首相が日本の首相として初めてブリュッセル郊外のNATO本部で演説し、日本の自衛隊の積極的活用を訴えた。自衛官が定期的にローマの国防大学で研修に参加するようになった。日本はNATOのパートナー国にもなった。二〇二二年六月二九、三〇両日にマドリードで開かれたNATO首脳会議には、岸田文雄首相が韓国、オーストラリア、ニュージーランドの首脳とともにNATOパートナー国のリーダーとして出席した。日本の首相がNATO首脳会議に出席するのは初めてだった。

NATO首脳会議では、強権主義的な政策で覇権拡大を図る中国に共同対処するため、協力を強化することで一致した。首相周辺は「成果を挙げた」と強調するが、NATOとインド太平洋諸国の連携のカギを握る、日韓関係の改善は引き寄せられなかった。ウクライナに侵攻したロシアを「直接的な脅威」と規定。中国に初めて言及し、「我々の利益に挑戦している」と明記した。招待した日本、韓国、オーストラリア、ニュージーランドとの連携強化も打ち出した。

エピローグ

ロシアのウクライナへの軍事侵攻は戦後世界秩序を大きく揺るがしている。

ウクライナ戦争の本質は何か。それは米欧の軍事同盟であるＮＡＴＯがロシア国境まで迫り、ロシアの勢力圏を侵蝕しつつある状況を反転させ、ＮＡＴＯが象徴する米欧にロシアの安全を保障させようとする試みだ。ロシアのウクライナ侵略は、人権を蹂躙《じゅうりん》してまでも、ピョートル大帝を想起させる「帝国的偉大さ」をプーチン大統領が欲していることを反映しているとも言えよう。

ウクライナ戦争は、自国の歴史的偉大さとグローバルな影響力を重視するロシアと、西側によって支援され、市民と彼らの生活の質を重視するウクライナによって戦われている。よく言われているように専制主義と民主主義の対立という、二項対立に収斂《しゅうれん》できるだろう。

戦況は一進一退が続き、出口は本稿執筆時点では見えない。

ウクライナを後押しする欧米諸国の間では、特に軍事支援をめぐって温度差が見られる。

米英は武器・弾薬の提供に積極的だが、フランスはプーチン大統領を追い詰めることは避け、停戦交渉の可能性を探るスタンスを取っている。一方、ウクライナは、西側諸国による武器提供に時間がかかることや、ミサイルや大砲などの射程が短いことに不満を抱いているようだ。

西側の指導者たちは、停戦交渉について、いつどうやってロシアと交渉するかは民主的に選ばれたウクライナの指導者たちが決める事柄だとしている。ただ、西側指導者たちは、戦争が長引けば、（残忍ではあるものの）通常戦にとどまっている戦いをプーチンがエスカレートさせ、核兵器の使用に踏み切る事態を懸念している。プーチンは、「ロシアは世界最強の核保有国の一つ」と述べ、二月下旬には戦略核の部隊を特別態勢にするよう命じるなど、欧米によるウクライナへの軍事支援を牽制。核による恫喝《どうかつ》を強めている。

西側の指導者たちはさらに、ウクライナ戦争の余波で物価が高騰し、特にエネルギー価格が上昇していることで自国の経済が損害を被っていること、さらにそれが及ぼす政治的影響にも懸念を表明している。ロシアを恐れる東欧諸国は、西欧諸国がロシアの侵略を押し戻すことにどれほどコミットしているのか疑問視している節もある。かつて旧ソ連の勢力圏にあった国々は、この戦争の目標はウクライナのことだけでなく、クレムリンが勢力圏を再確立し、欧州の安全保障秩序をひっくり返そうとする野心を打ち負かすことにあり、停戦がメインテーマではないと主張している。

米紙ニューヨーク・タイムズは、ウクライナ防衛の目的は国家主権や領土の一体性、そして歴史的には民主的ガバナンスの擁護にだけあるのではなく、ロシアを欧州から追い出し、三世紀続いたその「帝国的策動（imperial drive）」をやめさせることにもかかわっているとの見方を示した。一方、プーチン大統領は、どれほどコストがかかろうと、完全な勝利以外には満足しないであろう。ウクライナ戦争で、ロシア人将兵の犠牲者はすでに七万人を超え、戦費は一日約二兆円に上るとの試算もある（未確認情報ではあるが）。

本稿執筆時点でウクライナ戦争が終結に近付いていると信じる者はほとんどいない。一方で、ウクライナもロシアも経済状況は悪いが、破綻寸前だと考える者もいないようだ。

二〇二二年六月、ドイツ南部エルマウで開かれた主要七カ国首脳会議（G７）では、「戦争の終わらせ方」が議論されたが、会議後の声明は「外部の影響や圧力を受けることなく、将来の和平について決めるのはウクライナ自身だ」と明記した。欧州諸国の政府は、この戦争が泥沼化するか、一方が決定的に有利な地歩を固めるまで、意味のある停戦交渉を始めようとはしないであろうとみられている。ウクライナも、東部戦線で攻勢を受ける現状で停戦すればロシアによる占領を既成事実化することになると考えており、こうした状況では停戦には踏み切らないとみられる。それでもゼレンスキー大統領は二〇二二年末までに「戦争を終わらせたい」と明言しており、今後の展開は予想しがたい。

三月末まで行われた停戦交渉（その後中断）でウクライナは、ロシアに自国の軍事的中立化を提案している。そして、ウクライナの安全保障の枠組みとして、国連安保理の常任理事国などが保証国として加わる条約の締結を要求していた。

ウクライナ戦争の今後の展開として予想されるシナリオは、交渉による停戦のほかにどのようなものがあるだろうか。巷間ささやかれているのが、プーチン大統領の失脚などによるプーチン体制の崩壊である。最悪のシナリオとされるのが、ロシアによる核兵器使用と、それが誘発する可能性のあるNATO諸国の参戦による世界大戦への突入である。前者に関連しては、プーチンを批判する抗議活動は厳しく取り締まられているが、それでも今まで一万人を超える市民が逮捕の危険を冒してデモなどに参加した。しかし、抗議行動の急速な広がりは望めないようだ。

国内外においてプーチン政権の「暴走」にストップをかけるのが、目下世界の緊急の課題だ。プーチン体制に「法の支配」の論理は通用しそうにない。それどころか、ウクライナではロシア軍による、明らかに戦争犯罪とみられる行為が大規模に繰り返されている。

ウクライナは戦争犯罪の捜査に着手し、ロシア軍の侵略が始まって三カ月の時点で、一万三〇〇〇件の戦争犯罪を把握している。残虐な行為を行ったロシア兵については、「全員を見つけ出し、追及する」方針だ。

本書は、欧米の軍事同盟であるNATOの歴史をたどり、ロシアのウクライナへの軍事侵攻の引き金となったNATOの東方拡大をめぐって、NATOとウクライナ、NATOとロシアの関係を分析し、さらにウクライナ戦争が引き起こした、難民、食料、エネルギー危機などの解説を試みた。

本書で何度か触れたが、わが国ではNATOは軍事同盟としての「こわもて」の側面が強調されがちで、自由や民主主義、人権などの理念を重視する「価値共同体」としての側面が見落とされてきたきらいがある。そしてNATOは米国だけの意思を反映するわけではなく、全加盟国のコンセンサスで動くという、基本的には民主主義的プロセスで行動する側面も看過されがちだ。一方、ある加盟国が域外から攻撃されれば、全加盟国が「集団的自衛権」を行使するというハードな軍事同盟という面もある。

本書でも述べた通り、ロシアと欧州の関係は歴史的にも微妙なものがあるのは事実である。しかし長期的には、ロシアを欧州の安全保障システムに包摂する新たな枠組みが必要だと思われる。手始めにNATO諸国もロシアも加盟する、既存の欧州安保協力機構（OSCE）の活用を目指してはどうだろうかと筆者は考えている。

本書を執筆するにあたっては、平凡社新書編集部の岸本洋和編集長に大変お世話になりました。御礼を申し上げたい。
本文中では敬称を略させていただいた。

二〇二二年一〇月吉日

村上直久

第五章

村上直久「EU、共通安全防衛政策の強化で合意＝英独仏構想をベースに小規模の司令部組織を設立へ」『EU ウオッチング』時事通信社 Jiji-Web、2003年12月16日

村上直久『EUはどうなるか――Brexitの衝撃』平凡社新書、2016年

Frank Schimmelfennig *"The EU, NATO and the Integration of Europe-Rules and Rhetoric"* Cambridge University Press, 2003

第六章

朝日新聞「インド詣で続々――ロシア、制裁の「抜け道」狙う」2022年4月2日

朝日新聞「欧米、「核の盾」と非難――ロシア、原発を軍事基地化」2022年8月5日

黒川祐次『物語 ウクライナの歴史』中公新書、2002年

Thomas Friedman "We have never been here before" The New York Times, 2022年2月26日

Anders Fogh Rasmussen "Putin is pushing Ukraine into NATO's arms" The New York Times, 2022年4月25日

The Financial Times, "Fears of Europe gas crunch mount as Russia cuts Nord Stream 1 flows" 2022年7月26日

The Japan Times, "NATO-Asia ties fuel fears in Beijing" 2022年6月30日

The New York Times, "At home, China rallies the party to back Russia" 2022年4月5日

The New York Times, "Desperation grows to get grain out of Ukraine" 2022年6月3日

The New York Times, "Putin threats highlight risk of new nuclear era" 2022年6月8日

The New York Times, "Financiers of Russia's war: China and India" 2022年6月27日

The New York Times, "Food crisis won't be averted by grain deal" 2022年8月3日

The New York Times, "Calculating the incalculable toll of war" 2022年8月26日

We are taking our decisive step by signing Ukraine's application for accelerated accession to NATO - address by President Volodymyr Zelenskyy https://www.president.gov.ua/en/news/mi-robimo-svij-viznachalnij-krok-pidpisuyuchi-zayavku-ukrayi-78173

そのほか、『朝日新聞』、The Japan Times、The New York Times、The Financial Times、時事通信社の『Jiji-Web』の関連記事を参照し、一部を引用した。

参考文献・資料一覧

全体を通して

荻野晃『NATOの東方拡大―中・東欧の平和と民主主義』関西学院大学出版会、2012年

広瀬佳一／吉崎知典編著『冷戦後のNATO』ミネルヴァ書房、2012年

村上直久編著『EU情報事典』大修館書店、2009年

村上直久『国際情勢テキストブック』日本経済評論社、2005年

第一章

村上直久「ECに熱いまなざし向ける東欧――改革の進展で関係の強化を図る」『世界週報』時事通信社、1991年4月23日号

村上直久「東との対立から協調へ変貌するNATO――歴史的大転換は機構消滅の弔鐘か」『世界週報』時事通信社、1990年7月31日号

村上直久「東欧がNATOに加盟できない理由――特集　NATOは一大転機　首脳会議で参加国の思惑違いを露呈」『世界週報』時事通信社、1994年2月15日号

第二章

名越健郎「空軍ハイテク化で安易になった軍事力行使――軍との和解果たした大統領」『世界週報』時事通信社、1999年5月4日号

藤村博之「経済と資源――旧ユーゴ紛争の本当の理由　民族主義を煽った指導者が紛争を激化させた」『世界週報』時事通信社、1995年10月24日号

佐瀬昌盛「紛争介入機関になったNATOの不安――コソボ介入で前途は視界不良に」『世界週報』時事通信社、1999年5月4日号

第三章

駒木克彦／稲葉功「米一極支配に反旗翻す“古い欧州”の内実」『世界週報』時事通信社、2003年3月18日号

嶋谷牧男「イラク問題の陰に巨大石油利権――エネルギー情勢の転換狙う米国」『世界週報』時事通信社、2003年3月18日号

第四章

明石和康「NATO 変革急ぐ米国の戦略――旧共産圏加入で影響力拡大へ」『世界週報』時事通信社、2002年12月24日号

Jolyon Howorth and John T.S. Keller (Eds.) “*Defending Europe: The EU, NATO and the Quest for European Autonomy*” Palgrave Macmillan, 2003

ヨーロッパの安全保障構造

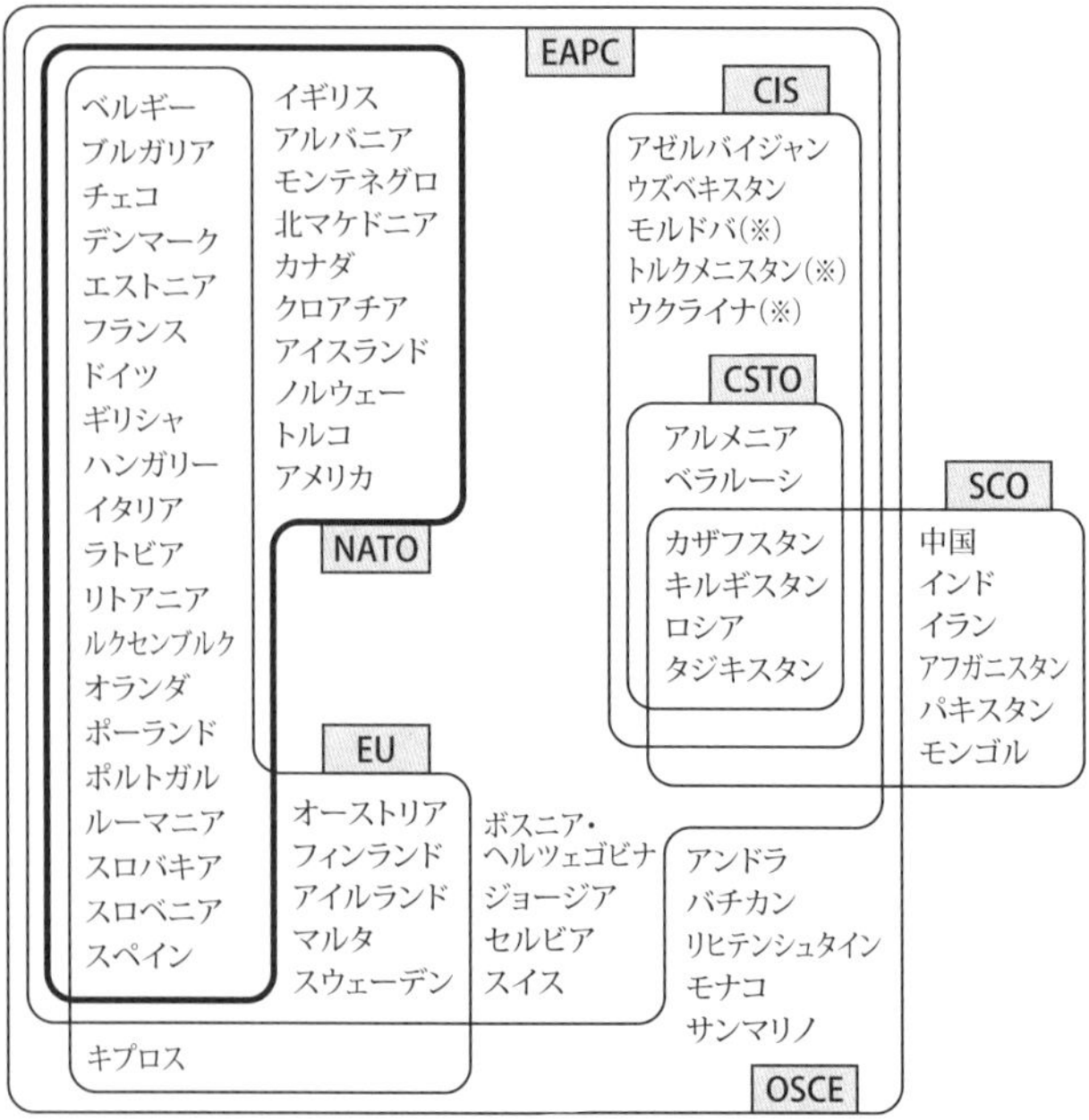

EAPC：欧州大西洋パートナーシップ理事会
CIS：独立国家共同体
CSTO：集団安全保障条約機構
（※）：客員参加国
SCO：上海協力機構
OSCE：欧州安全保障協力機構

＊図の作成にあたっては、広瀬佳一／吉崎知典編著『冷戦後のNATO』（ミネルヴァ書房）を参考にした

歴代のNATO事務総長

名前	在任期間	国籍	主要閣僚歴
ヘイスティングス・イズメイ	1952-57	イギリス	英連邦関係相（1951-52）
ポール＝アンリ・スパーク	1957-61	ベルギー	首相（1938-39、46、47-49） 外相（36-49、54-58、61-66）
ディルク・スティッケル	1961-64	オランダ	外相（1948-52）
マンリオ・ブロージオ	1964-71	イタリア	国防相（1945-46）
ジョセフ・ルンス	1971-84	オランダ	外相（1956-71）
ピーター・キャリントン	1984-88	イギリス	国防相（1970-74） エネルギー相（74） 外相（79-82）
マンフレート・ウェルナー	1988-94	ドイツ	国防相（1982-88）
ウィリー・クラース	1994-95	ベルギー	外相（1992-94）
ハビエル・ソラーナ	1995-99	スペイン	外相（1992-95）
ジョージ・ロバートソン	1999-2003	イギリス	国防相（1997-99）
ヤープ・デ・ホープ・スヘッフェル	2004-09	オランダ	外相（2002-03）
アナス・フォー・ラスムセン	2009-14	デンマーク	首相（2001-09）
イェンス・ストルテンベルグ	2014-	ノルウェー	首相（2000-01、05-13）

我々はNATO—EU間の戦略的パートナーシップを強化し、政治的協議を密接化させ、共通の利益に関わる課題についての協力を促進するであろう。これらの課題の中に含まれるのは、軍事的機動性、強靭性（resilience）、気候変動の安全保障に対する影響、新しい侵攻技術、人間の安全保障、女性—平和—安全保障に関する課題、サイバー空間における脅威とハイブリッドな脅威そして中国が欧州北大西洋地域の安全保障に及ぼしているシステミックなチャレンジへの対応である。

44. 我々はルールに基づく国際秩序を保持する上においてNATOの価値と利益を共有するパートナーとの絆を強めるであろう。

46. NATOは気候変動の安全保障への影響についての理解とそれへの適応において主導的な国際組織になるべきである。同盟は気候変動の防衛と安全保障への影響を評価するための努力を主導するであろう。

47. NATOへの投資は欧州と北米の同盟国間の絆が持続することを確実にするための最善の道であり、それはグローバルな平和と安定に貢献することになる。

48. 我々は我々の防衛と安全保障のための責任とリスクを公平にシェアするであろう。

49. NATOは欧州大西洋地域の安全保障にとって必要不可欠である。それは我々の平和、自由、繁栄を保証する。

（筆者訳）

32. 軍備管理、軍縮、不拡散をめぐる同盟の努力はリスクを軽減し、安全保障や透明性、検証、順守を高めることを目指している。
33. 核不拡散条約は核兵器の拡散に対する必要不可欠な障壁であり、第6条を含めて我々はその完全な実施にコミットしている。NATOの目標は、核不拡散条約の目標と整合性を持つ形での核兵器のない世界を実現するための安全保障環境の創出である。
34. テロに対抗することは我々の集団的防衛にとって必要不可欠である。我々はテロの拡散を導き出す条件に対処するために、国連と欧州連合（EU）を含む国際社会との協力を強化するであろう。

危機の防止と管理

35. 危機が同盟国の安全保障に影響を及ぼす潜在的可能性がある場合、我々は危機を予防し、（発生すればそれに）対応するだろう。
36. 我々は、文民の危機管理と（災害時の救援作戦を支援し、気候変動や食料供給の不安定、健康衛生上の緊急事態が同盟国の安全保障に及ぼす影響に備えるNATOの能力をさらに発展させるだろう。
38. 我々は危機と紛争を予知し、予防するための努力を増大させるであろう。
39. 文民の保護と文民の被害軽減を含む「人間の安全保障」は危機の防止と管理に対する我々のアプローチにおいて中心的な位置を占める。我々は国連やEUに加えて全欧安保協力機構（OSCE）やアフリカ連合などの地域機構との調整と協力を強化する。

協調的安全保障

40. NATO拡大は歴史的な成功を収めてきた。拡大は同盟を強化し、何百万人もの欧州市民の安全を保障し、欧州大西洋地域における平和と安定に貢献してきた。我々は北大西洋条約（NATO条約）第10条に則って、我々の基本的な価値と欧州大西洋地域における平和と安定における戦略的関心の表れとして、我々の「門戸開放政策」を再確認する。
41. NATO加盟希望国の安全保障は我々の安全保障と絡み合っている。我々はこれらの国の独立、主権、領土的一体性を強く支持する。我々は、欧州北大西洋地域における平和と安定及び安全保障に対する我々共通の利益を発展させるために、ボスニア・ヘルツェゴビナ、ジョージア及びウクライナとのパートナーシップを進展させ続けるであろう。
43. EUはNATOにとってユニークかつ必要不可欠のパートナーである。NATOの同盟国とEUの加盟国は同じ価値を共有している。NATOとEUは国際平和と安全保障を支持する上において補完的で、整合性が取れ、相互に強め合う役割を果たしている。これまでの長期にわたる協力に基づいて、

防衛態勢及びミサイル防衛能力の適切な組み合わせに基づいている。

21. 我々は潜在的な敵が侵略の機会を得ないように我々の抑止力と防衛態勢を大幅に強化するであろう。直面する脅威に応じて、我々は抑止力と防衛態勢が信頼でき、柔軟であり、カスタマイズされ、持続可能であることを確実にする。

22. 我々は我々の軍隊の集団的な準備、即応性、展開力、統合度、相互運用性を高め続けるであろう。

23. 海上の安全保障は我々の平和と繁栄のカギである。我々は海洋領域におけるあらゆる脅威に対して抑止、防衛を行い、航行の自由を維持し、海上貿易のルートを確保し、我々の主要な通信ラインを保護するための態勢と状況認識を高める。

24. 我々はデジタル・トランスフォーメーションを急ぎ、NATOの指揮体系を情報時代に適応させ、我々のサイバー防衛、ネットワーク、インフラを強化する。我々はイノベーションを促進し、我々の相互運用性と軍事的優越性を保持するために新興技術と侵犯技術への投資を増大させる。

25. 宇宙空間とサイバー空間の使用と自由なアクセスを確保することは実効的な抑止と防衛のカギである。我々はすべての使用可能なツールを使って、あらゆる段階の脅威を防止、探知し、反撃し、反応するために宇宙空間とサイバー空間において効率的にオペレーションを行う能力を高めるであろう。

26. 我々は重要インフラや、医療システム分野を含む戦略的脆弱性を特定し、対応に努めるだろう。我々はエネルギー安全保障システムを強化し、安定的かつ信頼できるエネルギー供給・供給者およびエネルギー源に投資するだろう。

27. 我々は国家および非国家主体による、ハイブリッド戦術の政治的、経済的かつエネルギー、情報分野などでの威圧的な使用に備え、それを抑止し、それから防衛するための能力に投資するだろう。

28. NATOの核能力の基本的な目的は平和を維持し、威圧的行動を防止し、侵略を抑止することである。同盟は敵にとって受け入れがたく、便益を遥かに超えるコストを課す能力と決意を有している。

29. 同盟の戦略的核戦力、特に米国の核戦力は同盟にとって最高に安全を保障する。NATOの核抑止態勢はまた、欧州に前方配置されている米国の核兵器や関連する同盟国の貢献にも依存している。

30. NATOは核抑止ミッションの信頼性、効率性、安全性、安全保障を確実にするためにあらゆる必要な措置をとるだろう。

31. 我々は化学兵器、生物兵器、放射線兵器、核兵器の脅威に対する防衛のための投資を続けるであろう。

ネルをオープンなままにしておくだろう。我々のロシアとの関係が変化するには、ロシアが侵略的な振舞いをやめ、国際法を完全に順守することが必要だ。

11. NATO地域の南側の隣人、特に中東、北アフリカ、サヘル地域の隣人たちは関連した安全保障、人口面、経済的及び政治的な難題に直面している。そしてこれらの問題は、気候変動や制度的な脆弱性、健康衛生上の緊急事態、不安定な食料供給の影響により悪化している。

12. 不安定さが蔓延していることで紛争に関連した性的暴力を含む文民に対する暴力や文化遺産に対する攻撃や環境への被害が生じる。

13. 中国が言明している野心と威圧政策は我々の利益や安全保障、価値に挑戦している。中国はその戦略や意図及び軍備増強については不透明さを保ちながら、そのグローバルな足跡を増やし、パワーを発揮するために広範な政治的、経済的及び軍事的な手段を用いている。中国の悪意あるサイバー空間でのオペレーションとそれに伴う対決的な偽情報は同盟国をターゲットにしており、同盟の安全保障を害している。中国は宇宙空間、サイバー空間、海洋領域を含めて、ルールに基づく国際秩序を転覆しようと努めている。

14. 我々は同盟の安全保障上の利益を擁護するために、相互的な透明さを築くことを含めて中国と建設的に関与する用意がある。

15. サイバー空間は常に競争にさらされている。

16. 戦略的な競争相手と敵は宇宙空間への我々のアクセスとそこで活動する我々の自由を制限する可能性がある。

17. 侵犯的な新興技術はチャンスとリスクをともにもたらす。

18. 軍備管理、軍縮及び核不拡散のための設計図の崩壊は戦略的安定性に悪影響を及ぼしている。ロシアが軍備管理の義務とコミットメントを選択的に実施していることは広範な安全保障環境を悪化させた。

19. 気候変動は現代の決定的な難題であり、同盟の安全保障に深甚な影響を及ぼしている。気温の上昇は海面の上昇や山火事、より頻繁で極端な天候事象を引き起こし、我々の社会を混乱させ、我々の安全保障を蝕み、我々の市民の生命と生活を脅かす。

NATOの中核的な任務

抑止と防衛

20. NATOは防衛的な同盟であるが、同盟国の領土はどこでも防衛し、全同盟国の主権と領土的一体性を保持し、侵略者を打ち負かすための強さと決意を有していることを何人も疑うべきではない。これはNATOの抑止力と

2022年NATO戦略概念の部分訳

(緒言)

我々は我々の10億人の市民を守り、我々の領土を防衛し、我々の自由と民主主義を擁護する固い決意を有する。

ロシアのウクライナに対する侵略戦争は平和を打ち砕いている。

NATO の核能力保有の基本的な目的は平和を維持し、威圧を防止し、侵略を抑止することにある。

(世界に) 核兵器が存在する限り、NATOは核同盟であり続ける。

我々のビジョンは明確である：我々は主権や領土的一体性、人権、国際法が尊重され、侵略や威圧、(体制) 転覆から自由な状態でそれぞれの国が進むべき道を選択できる世界に生きることを望むというものだ。

NATOの目的と原則

1．NATOは同盟国の自由を擁護し、安全を保障することを決意する。

2．我々加盟国間の大西洋を越えた絆は我々の安全保障に不可欠だ。

3．我々の抑止/防衛能力は相互防衛に対するコミットメントの根幹である。

4．NATO は3つの中核的任務を達成し続けるであろう：抑止と防衛、危機予防、管理、協調的安全保障。

5．我々は個別的かつ集団的な強靭性と先端技術力を高めるであろう。

戦略的環境

6．ロシアは安定しかつ予測可能な欧州安全保障秩序に貢献する規範と原則を踏みにじった。

7．権威主義的アクター (主体) が我々の利益、価値、民主的生活様式にチャレンジしている。

8．ロシアは同盟国の安全保障と欧州大西洋地域の平和と安定に対する最も重大かつ直接的な脅威である。　ロシアは威圧、(体制の) 転覆、侵略及び併合を通じて勢力圏と直接支配の確立を模索している。ロシアは我々や我々のパートナーに対して通常兵器、サイバー攻撃及びハイブリッド的手段を使用している。

9．NATO はロシアとの対立を求めず、ロシアに脅威を及ぼさない。我々は団結しかつ責任ある方法でロシアの脅威と敵意に対応し続けるだろう。ロシアの敵意ある政策と行動に鑑み、我々はロシアを我々のパートナーとはみなせない。しかし、我々はリスクを管理、軽減し、(対立の) エスカレーションを予防し、透明性を増加させるためにコミュニケーション・チャンをも締結しないことを約束する。

第九条【理事会】締約国は、この条約の実施に関する事項を審議するため、各締約国の代表が参加する理事会を設置する。理事会は、いつでもすみやかに会合することができるように組織されなければならない。理事会は、必要な補助機関を設置し、特に、第三条及び第五条の規定の実施に関する措置を勧告する防衛員会を直ちに設置する。

第一〇条【加入】締約国は、この条約の原則を促進し、かつ、北大西洋地域の安全に貢献する地位にある他のヨーロッパの国に対し、この条約に加入するよう全員一致の合意により招請することができる。このようにして招請された国は、その加入書をアメリカ合衆国政府に寄託することによってこの条約の締約国になることができる。アメリカ合衆国政府は、その加入書の寄託を各締約国に通報する。

第一一条【批准、効力発生】締約国は、各自の憲法上の手続に従って、この条約を批准し、その規定を実施しなければならない。批准書は、できるだけすみやかにアメリカ合衆国政府に寄託するものとし、同政府は、その寄託を他の全ての署名国に通告する。この条約は、ベルギー、カナダ、フランス、ルクセンブルク、オランダ、連合王国及び合衆国の批准書を含む署名国の過半数の批准書が寄託された時に、この条約を批准した国の間で効力を生じ、その他の国については、その批准書の寄託の日に効力を生じる。

第一二条【再協議】締約国は、この条約が一〇年間効力を存続した後に又はその後いつでも、いずれかの締約国の要請があったときは、その時に北大西洋地域の平和及び安全に影響を及ぼしている諸要素（国際連合憲章に基づく国際の平和及び安全の維持のための世界的及び地域的取極の発展を含む。）とを考慮して、この条約を再検討するために協議するものとする。

第一三条【離脱】締約国は、この条約が二〇年間効力を存続した後は、アメリカ合衆国政府に対し離脱通告を行ってから一年後に締約国であることを終止することができる。アメリカ合衆国政府は、離脱通知を他の締約国政府に通知する。

第一四条【正文】この条約は英語及びフランス語の本文をともに正文とし、アメリカ合衆国政府の記録書庫に寄託する。この条約の認証謄本は、同政府により他の署名国政府に送付される。

全が脅かされているといずれかの締約国が認めたときはいつでも、協議する。

第五条【武力攻撃に対する共同防衛】締約国はヨーロッパまたは北アメリカにおける一又は二以上の締約国に対する攻撃を全締約国に対する武力攻撃とみなすことに同意する。したがって、締約国はそのような武力攻撃が行われたときは、各締約国が、国際連合憲章第五一条の規定によって認められている個別的又は集団的自衛権を行使して、北大西洋地域の安全を回復し及び維持するためにその必要と認める行動（兵力の使用を含む）を個別的に及び他の締約国と共同して直ちにとることにより、その攻撃を受けた締約国を援助することに同意する。

前記の武力攻撃及びその結果として執った全ての措置は直ちに安全保障理事会に報告しなければならない。その安全保障理事会が国際の平和及び安全を回復し及び維持するために必要な措置をとったときは、終了しなければならない。

第六条【武力攻撃の対象】第五条の適用上、一又は二以上の締約国に対する武力攻撃とは次のものに対する武力攻撃を含むものとみなす。

(i) ヨーロッパ若しくは北アメリカにおけるいずれかの締約国の領域、フランス領アルジェリアの諸県（註）、トルコの領土又は北回帰線以北の北大西洋地域におけるいずれかの締約国の管轄下にある島

註　北大西洋理事会は、旧フランス領アルジェリア諸県に関する限り、本条約の関連条項は、一九六二年七月三日以降、適用されないことを確認した。

(ii) いずれかの締約国の軍隊、船舶又は航空機で、前記の地域、いずれかの締約国の占領軍がこの条約の効力発生の日に駐留していたヨーロッパの他の地域、地中海若しくは北回帰線以北の北大西洋地域又はそれらの上空にあるもの。

第七条【憲章に対する影響】この条約は、国際連合の加盟国たる締約国の憲法に基づく権利及び義務又は国際の平和及び安全を維持する安全保障理事会の主要な責任に対しては、いかなる影響も及ぼすものではなく、また、及ぼすものと解釈してはならない。

第八条【他の協定との関係】各締約国は、自国と他のいずれかの締約国又はいずれかの第三国との間の現行のいかなる国際約束もこの条約の規定に抵触しないことを宣言し、及びこの条約の規定に抵触するいかなる国際約束

北大西洋条約

署名　一九四九年四月四日（ワシントン）
効力発生　一九四九年八月二四日
当事国　三〇

前文

この条約の締約国は国際連合憲章の目的及び原則に対する信念並びに全ての国民及び政府とともに平和のうちに生きようとする願望を再確認する。

締約国は民主主義の諸原則、個人の自由及び法の支配の上に築かれたその国民の自由、共同の遺産および文明を擁護する決意を有する。

締約国は北大西洋地域における安定及び福祉の助長に努力する。

締約国は、集団的防衛並びに平和と安全維持のためにその努力を結集する決意を有する。

よって、締約国は、この北大西洋条約を協定する。

第一条【紛争の平和的解決と武力行使の禁止】締約国は国際連合憲章に定めるところに従い、それぞれが関係することのある国際紛争を平和的手段によって、国際の平和及び安全並びに正義を危うくしないように解決し、並びに、それぞれの国際関係において、武力による威嚇または武力の行使を、国際連合の目的と両立しないいかなる方法によるものも慎むことを約束する。

第二条　【国際協力】締約国は、その自由な諸制度を強化することにより、これらの制度の基礎をなす原則の理解を促進することにより、並びに安定及び福利の条件を促進することによって、平和的かつ友好的な国際関係の一層の発展に貢献する。締約国は、その国際経済政策における対立を除去することに努め、また、いずれかの又は全ての締約国の間の経済的協力を促進する。

第三条【武力攻撃に対抗する能力の発展】締約国は、この条約の目的を一層有効に達成するために、単独に及び共同して、継続的かつ効果的な自助及び相互援助により、武力攻撃に対抗する個別的及び集団的な能力を維持し発展させる。

第四条　【協議】締約国は、いずれかの締約国の領土保全、政治的独立又は安

年	月	事項
2014	3	ロシアによるウクライナ領クリミア半島併合
2015	11	パリ同時多発テロ
2017	6	モンテネグロ、NATO加盟
2020	3	北マケドニア、NATO加盟
2021	8	米軍、NATO欧州諸国軍、アフガニスタンから撤退
2022	2	ロシア、ウクライナへの軍事侵攻開始
	2	オンラインでNATOバーチャル・サミット
	6	NATO首脳会議（マドリード）、フィンランド、スウェーデンの加盟承認

＊年表の作成にあたっては、広瀬佳一／吉崎知典編著『冷戦後のNATO』（ミネルヴァ書房）を参考にした

年	月	事項
	4	NATO首脳会議（ワシントン）、新戦略概念発表、また防衛能力イニシアティブ（DCI）とNATO加盟行動計画（MAP）を承認
	6	KFOR（コソボ国際安全保障部隊）をコソボに展開
2001	9	米同時多発テロ
	10	北大西洋理事会、米同時多発テロに関して北大西洋条約第五条の発動を確認
	10	米国、「不朽の自由（Enduring Freedom）」作戦を開始
	12	G8のボン合意によりアフガニスタンにISAF（国際治安支援部隊）設立
2002	5	北大西洋理事会（レイキャビク）、NATO任務における地理的制約を実質的に削除
	5	NATOロシア常設合同理事会に代わり、NATOロシア理事会（NRC）設立
	11	NATO首脳会議（プラハ）、プラハ能力コミットメント（PCC）、NATO即応部隊（NRF）、対テロ・イニシアチブについて合意
2003	3	米主導の多国籍軍、「イラクの自由作戦（Opertion Iraqi Freedom）」開始（イラク戦争）
	5	米国、イラクにおける主要戦闘作戦の終了を宣言
	8	NATOがISAFの指揮権継承
2004	3	ブルガリア、エストニア、ラトビア、リトアニア、スロバキア、スロベニア、ルーマニア、NATO加盟
2005	2	NATO首脳会議（ブリュッセル）、イラクの治安部隊訓練の支援で合意
2008	8	グルジア紛争発生
2009	4	アルバニア、クロアチア、NATO加盟
	4	NATO創設60周年記念首脳会議（仏ストラスブールとケール）、フランスがNATO統合軍事機構へ復帰
2010	11	NATO首脳会議（リスボン）、新戦略概念を採択、ミサイル防衛構築と対ロシア協力を承認、2014年末までのアフガンの治安の移譲を決定
2011	3	北大西洋理事会が対リビア軍事作戦「ユニファイド・プロテクター（Unified Protector）」の開始を承認
	6	西欧同盟（WEU）終了（機能はEUのCSDPへ移行）

年	月	事項
1991	1	米主導の多国籍軍、「砂漠の嵐（Desert Storm）」作戦開始（湾岸戦争、2月末まで）
	7	ワルシャワ条約機構の正式解散
	11	NATO首脳会議（ローマ）、新戦略概念発表
	12	北大西洋協力理事会（NACC）、初会合
	12	ソ連解体
1992	2	ユーゴスラビア紛争への対応として国連防護軍（UNPROFOR）創設
	6	WEU加盟国外相・国防相会議（ボン近郊のペータースブルク）
	7	NATO、アドリア海での「海上監視（Maritime Monitor）」任務開始
	10	NATO、ボスニア・ヘルツェゴビナ上空の飛行禁止空域の監視のための「航空監視（Sky Monitor）」作戦開始
	11	「海上監視」作戦終了、「海上警備（Maritime Guard）」作戦開始
1993	4	NATO、ボスニア・ヘルツェゴビナ上空の飛行禁止空域の監視のための「飛行禁止」作戦開始
	8	北大西洋理事会、ボスニア・ヘルツェゴビナにおける国連の権限下での空爆計画を承認
1994	1	NATO首脳会議（ブリュッセル）、PfPやCJTF概念を承認
	2	ボスニア・ヘルツェゴビナ上空の飛行禁止区域へ侵入した航空機をNATO軍が撃墜（NATO史上、初の武力行使）
	12	CSCEをOSCE（欧州安全保障協力機構）に改組
1995	8	ボスニアでの空爆「デリベレート・フォース（Deliberate Force）」作戦開始
	11	ボスニア紛争の停戦合意がデイトン・パターソン米空軍基地で成立
	12	ボスニアの和平合意、パリにて調印
	12	国連合意の下、ボスニアにIFOR（和平履行部隊）展開
1997	5	NATOロシア協力協定調印、NATOロシア常設合同理事会設立
1999	3	チェコ、ポーランド、ハンガリー、NATO加盟
	3	コソボ紛争に対する「アライド・フォース（Allied Force）」作戦開始（6月まで）

NATO年表

年	月	事項
1949	4	北大西洋条約調印（ベルギー、カナダ、デンマーク、フランス、アイスランド、イタリア、ルクセンブルク、オランダ、ノルウェー、ポルトガル、英国、米国）
	8	北大西洋条約発効
1950	6	朝鮮戦争勃発
	12	アイゼンハワーが初代欧州連合軍最高司令官（SACEUR）に就任
1951	4	欧州連合軍最高司令部（SHAPE）、パリ近郊で運用開始
1952	2	ギリシャ、トルコ、NATO加盟
	3	イズメイがNATOの初代事務総長に就任
1954	10	西独、パリ協定により主権回復
1955	5	西独、NATO加盟
	5	西欧同盟（WEU）発足
	5	ワルシャワ条約機構成立（アルバニア、ブルガリア、チェコスロバキア、東独、ハンガリー、ポーランド、ルーマニア、ソ連）
1966	3	ドゴール仏大統領、フランスのNATO統合軍事機構からの脱退表明
1967	3	SHAPE、パリ近郊からベルギー・モンスへ移転
	10	NATO本部、パリからブリュッセルに移転
1975	8	全欧安全保障協力会議（CSCE）首脳会議（ヘルシンキ）、最終議定書を採択
1979	12	ソ連、アフガニスタンに侵攻
1982	5	スペイン、NATO加盟
1987	12	米ソ、中距離核戦力（INF）全廃条約調印
1989	11	「ベルリンの壁」崩壊
1990	7	NATO首脳会議、同盟の変革に関するロンドン宣言発表
	8	イラク、クウェート侵攻
	10	両独再統一
	11	NATO加盟国、ワルシャワ条約加盟国、欧州通常戦力条約（CFE）に調印

巻末資料

【著者】
村上直久（むらかみ なおひさ）
1949年生まれ。東京外国語大学フランス語学科卒業。75年時事通信社入社。編集局英文部、外国経済部で記者、デスク。米 UPI 通信本社（ニューヨーク）出向、ブリュッセル特派員を経て、2001年に退社後、長岡技術科学大学で14年間、常勤として教鞭を執る。専攻は国際関係論。定年退職後、時事総合研究所客員研究員。学術博士。日本記者クラブ会員。著書に『ユーロの挑戦』『国際情勢テキストブック』（以上、日本経済評論社）、『WTO』『世界は食の安全を守れるか』『EU はどうなるか』（以上、平凡社新書）など。編著に『EU 情報事典』（大修館書店）。

平凡社新書 1017

NATO 冷戦からウクライナ戦争まで

発行日——2022年11月15日 初版第1刷

著者———村上直久

発行者——下中美都

発行所——株式会社平凡社
〒101-0051 東京都千代田区神田神保町3-29
電話 （03）3230-6580［編集］
（03）3230-6573［営業］

印刷・製本—株式会社東京印書館

装幀———菊地信義

ISBN978-4-582-86017-7
平凡社ホームページ https://www.heibonsha.co.jp/

平凡社新書　好評既刊！

831
EUはどうなるか
Brexit《ブレグジット》の衝撃
村上直久
欧州は再び没落するのか。EUウォッチャーが視界不良の欧州情勢を読み解く。

832
戦争する国にしないための中立国入門
礒村英司
スイスに代表される中立国の歴史と現在、平和憲法を持つ日本の立場を一望。

921
黒い同盟　米国、サウジアラビア、イスラエル
「反イラン枢軸」の暗部
宮田律
イランを包囲する「非神聖同盟」。その特殊な関係性の内実を読み解く。

978
金正恩が表舞台から消える日
北朝鮮　水面下の権力闘争
五味洋治
権力の最深部で今、何が起きているか。見えざる「権力闘争」を読み解く。

987
台湾有事
米中衝突というリスク
清水克彦
緊迫する台湾・尖閣情勢。米中双方の思惑と日本の課題を徹底解説する。

992
イラン
「反米宗教国家」の素顔
新冨哲男
革命から四〇年を経て、この国では何が起きているか。「危険な国」は本当なのか。

998
上海
特派員が見た「デジタル都市」の最前線
工藤哲
急速なデジタル化、そして広がる格差社会。特派員が見た上海の光と影とは。

1005
新中国論
台湾・香港と習近平体制
野嶋剛
「台湾・香港」の状況を知ることで深刻化する「中国問題」の実像に迫る一冊。

新刊、書評等のニュース、全点の目次まで入った詳細目録、オンラインショップなど充実の平凡社新書ホームページを開設しています。平凡社ホームページ https://www.heibonsha.co.jp/ からお入りください。